사회평론

글 사회평론 과학교육연구소
대학에서 오랫동안 과학을 연구한 전문가들이 모여, 우리 아이들이 쉽고 재미있게 공부할 수 있는 책을 만들고 있습니다.

글 김형진 (사회평론 과학교육연구소 연구원)
연세대학교 천문대기과학과를 졸업하고 같은 대학교 대학원에서 석사, 박사 학위를 받았습니다. 과학자를 꿈꾸는 아이들에게 올바른 과학 개념과 과학적 태도를 함께 키울 수 있는 방법을 전달하기 위해 노력하고 있습니다. 현재 사회평론 과학교육연구소 연구원으로 과학책을 만들고 있습니다.

글 설정민 (사회평론 과학교육연구소 연구원)
서울대학교 생물학과를 졸업하고 같은 대학교 대학원에서 석사 학위를 받은 뒤 박사 과정을 수료하였습니다. 아이에게 과학을 쉽고 재미있게 얘기해 주려 노력하다 보니 어린이를 위한 책을 만드는 일에도 관심을 가지게 되었습니다. 현재 사회평론 과학교육연구소 연구원으로 과학책을 만들고 있습니다.

글 이명화 (사회평론 과학교육연구소 연구원)
서울대학교 물리교육과를 졸업하고 같은 대학교 대학원에서 석사, 박사 학위를 받았습니다. 10여 년간 중학교에서 과학을 가르쳤으며, 미국 아리조나 주립대에서 물리학으로 박사 학위를 받고 독일, 미국, 영국에서 연구원으로 근무하였습니다. 쉽고 재미있는 과학책을 쓰는 일에 관심을 갖고 있으며, 현재 사회평론 과학교육연구소 연구원으로 과학책을 만들고 있습니다.

그림 조현상 (매드푸딩스튜디오)
미국 필라델피아에서 U-Arts를 졸업했습니다. 한국과 미국에서 동화, 일러스트레이션, 만화 등 다양한 작업을 하고 있습니다.
mad-pudding.com | instagram.com/madpuddingstudio

그림 뭉선생
2004년 LG 동아 국제만화 공모전에 입상하며 작품 활동을 시작했습니다. 그린 책으로 《조지의 우주를 여는 비밀 열쇠》 시리즈, 《용선생 만화 한국사》 시리즈, 《용선생 처음 한국사》 시리즈, 《용선생 처음 세계사》 시리즈 등이 있습니다.

그림 윤효식
2002년 《소년 챔프》에 〈신검〉으로 데뷔하여 어린이에게 유익한 학습 만화를 그리고 있습니다. 그린 책으로 《마법천자문 사회원정대》 시리즈, 《용선생 만화 한국사》 시리즈, 《용선생 처음 한국사》 시리즈, 《용선생 처음 세계사》 시리즈 등이 있습니다.

감수 맹승호
서울대학교 지구과학교육과를 졸업하고 한국교원대학교 과학교육과 대학원에서 석사, 서울대학교 과학교육과 대학원에서 박사 학위를 받았습니다. 현재 서울교육대학교 과학교육과 교수로 재직 중입니다. 대화를 이용한 과학 학습에 많은 관심을 가지고 있습니다. 함께 지은 책으로 《일곱 빛깔 지구과학》, 《주말 지질 여행》 등이 있습니다.

캐릭터 이우일
홍익대학교에서 시각디자인을 공부한 만화가입니다. 그림책 작가인 아내 선현경, 딸 은서, 고양이 카프카와 함께 그림을 그리고 글을 쓰며 살고 있습니다. 지은 책으로 《우일우화》, 《옥수수빵파랑》, 《좋은 여행》, 《고양이 카프카의 고백》 등이 있고, 그린 책으로 《노빈손》 시리즈, 《용선생의 시끌벅적 한국사》 시리즈, 《교양으로 읽는 용선생 세계사》 시리즈 등이 있습니다.

용선생의 시끌벅적 과학교실

계절과 날씨

글 **사회평론 과학교육연구소** | 그림 **조현상·뭉선생·윤효식** | 감수 **맹승호** | 캐릭터 **이우일**

오락가락하는 날씨, 어떻게 알아낼까?

사회평론

프롤로그

여러분, 안녕? 과학반을 맡은 용선생이야. 내 명성은 익히 들어 봤겠지? 역사반과 세계사반을 모두 훌륭하게 성공시키며 방과 후 교실 최고의 인기 교사가 된 그 용선생이란다. 교장 선생님께서 특별히 부탁하셔서 이번에는 과학반을 맡게 되었어. 어찌나 사정을 하시던지 도무지 거절할 수가 없었지 뭐야. 그래서 이 몸이 깜짝 놀랄 수업을 준비했단다.

우리의 수업은 언제나 질문과 함께 출발해. 세상을 둘러보다가 누군가 "저건 왜 그래요?" 하고 질문하면 바로 그 순간 수업이 시작되는 거지. 이제부터 용선생의 시끌벅적 과학교실을 제대로 즐기는 방법을 하나씩 알려 줄게.

첫째, 과학반 친구들과 함께 호기심을 갖고 질문해 봐. 과학을 어렵게만 생각하지 말고, 매 교시마다 아이들이 어떤 호기심을 가지는지 관심을 가져 봐. 과학반 친구들과 함께 '왜 그럴까?', '어떻게 알아낼 수 있을까?' 고민하다 보면 어렵던 과학도 쉽게 느껴질 거야.

둘째, 어려운 내용은 사진과 그림으로 이해해 봐. 어려운 과학 개념과 원리를 한 장의 사진이나 그림을 통해 단숨에 이해할 수도 있어. 그래서 너희를 위해 사진과 그림을 많이 준비했단다. 글을 읽다가 어렵다 싶으면 옆에 있는 사진과 그림을 봐. 잘 이해되지 않던 내용이 틀림없이 술술 이해될 거야.

셋째, 배운 내용을 되새기며 머릿속에 정리해 봐. 왁자지껄한 수업을 마치고 나면 뭘 배웠는지 정리가 안 될 때도 있을 거야. 그럴 때를 대비해 중간중간 핵심 정리를 준비했어. 또 배운 내용을 4컷 만화로 재미있게 요약해 두었지. 게다가 교시가 끝날 때마다 나선애의 정리노트도 마련했단다. 이 정도면 학습 정리는 문제없겠지?

과학은 분야도 다양하고 배울 내용도 아주 많아. 쉽게 이해할 수 있는 부분도 있지만, 여러 번 곰곰이 생각해 봐야 알 수 있는 부분도 있지. 이 책을 여러 번 다시 읽다 보면 구석구석 빠짐없이 모두 이해될 거야.

자, 이제 용선생의 시끌벅적 과학교실을 제대로 즐길 준비가 됐겠지? 그럼 신나는 수업을 시작해 볼까?

차례 | 계절과 날씨

1교시 | 계절과 기온

여름엔 왜 더울까?

계절을 어떻게 구분할까? … 13
태양의 높이를 정확히 나타내려면? … 16
계절에 따라 기온이 다른 까닭은? … 19

나선애의 정리노트 … 24
과학퀴즈 달인을 찾아라! … 25
용선생의 과학 카페 … 26
　- 태양의 남중 고도와 기온의 관계는?

교과연계
초 6-2 계절의 변화 | 중 3 기권과 날씨

2교시 | 계절의 변화

우리나라는 왜 계절이 계속 변할까?

지구는 어떻게 움직이고 있을까? … 31
지구의 움직임에 따라 변하는 것은? … 33
다른 지역의 계절은 어떨까? … 38

나선애의 정리노트 … 42
과학퀴즈 달인을 찾아라! … 43
용선생의 과학 카페 … 44
　- 북극에도 계절이 있을까?

교과연계
초 6-2 계절의 변화 | 중 3 기권과 날씨

3교시 | 계절별 기단

우리나라 겨울은 왜 춥고 건조할까?

계절별 날씨에 영향을 주는 것은? … 48
우리나라 주변의 기단은? … 52
계절별로 어떤 기단이? … 56

나선애의 정리노트 … 60
과학퀴즈 달인을 찾아라! … 61

교과연계
초 5-2 날씨와 우리 생활 | 중 3 기권과 날씨

4교시 | 전선과 날씨
장마가 생기는 까닭은?

장마의 정체는? ··· 65
또 다른 전선은? ··· 70
전선이 지나가면 날씨는? ··· 72

나선애의 정리노트 ··· 76
과학퀴즈 달인을 찾아라! ··· 77

교과연계
초 5-2 날씨와 우리 생활 | 중 3 기권과 날씨

6교시 | 태풍
적도에서 찾아온 손님은?

태풍의 정체를 밝혀라! ··· 99
태풍은 어떻게 움직일까? ··· 103
태풍의 두 얼굴 ··· 107

나선애의 정리노트 ··· 110
과학퀴즈 달인을 찾아라! ··· 111
용선생의 과학 카페 ··· 112
　- 태풍에 이름이 붙은 사연은?

교과연계
초 5-2 날씨와 우리 생활 | 중 3 기권과 날씨

5교시 | 기압과 날씨
내일 날씨는 어떨까?

일기 예보를 하려면 ··· 81
고기압과 저기압에서 날씨는? ··· 84
고기압에서 저기압으로 흐르는 것은? ··· 86

나선애의 정리노트 ··· 92
과학퀴즈 달인을 찾아라! ··· 93
용선생의 과학 카페 ··· 94
　- 날씨는 어떻게 관측할까?

교과연계
초 5-2 날씨와 우리 생활 | 중 3 기권과 날씨

가로세로 퀴즈 ··· 114
교과서 속으로 ··· 116

찾아보기 ··· 118
퀴즈 정답 ··· 119

등장인물

용쓴다 용써!
용선생

- 체력 ★★★
- 지력 ★★★★★
- 감성 ★★★
- 호기심 ★★★★★
- 유머 ★★

열정이 가득한 과학 선생님. 하늘을 향해 거침없이 솟은 머리카락과 삐죽삐죽한 수염이 매력 포인트. 생생한 과학 수업을 하기 위해 물불을 가리지 않는다.

장하다 장해!
장하다

- 체력 ★★★★★
- 지력 ★
- 감성 ★★★★
- 호기심 ★★★★★
- 유머 ★★★★★

'튼튼하게만 자라 다오.'라는 아버지의 소원대로 튼튼하게 자랐다. 성격은 일등, 성적은 비밀이다. 시험을 못 봐도 씩씩하고 엉뚱한 질문으로 수업에 활력을 준다.

오늘도 나선다!
나선애

- 체력 ★★★★
- 지력 ★★★★
- 감성 ★★★
- 호기심 ★★★★★
- 유머 ★★★

과학자를 꿈꾸는 우등생. 공부도 잘하고 아는 게 많아서 모든 일에 앞장서는 타입이다. 겉으로는 차가워 보이지만 내심 따뜻한 면도 가지고 있다. 전혀 티가 안 나서 그렇지.

잘난 척 대장
왕수재

- 체력 ★★★
- 지력 ★★★★
- 감성 ★
- 호기심 ★★★★★
- 유머 ★

세상에서 자기가 제일 잘난 줄 안다. '천재는 외로운 법이고 질투의 대상인 법'이라나. 친구들에게 깐족거리는 데에도 천재적이다. 그래도 수업에는 늘 적극적으로 참여한다.

낭만 가득
허영심

체력 ★★★★★
지력 ★★★
감성 ★★★★★
호기심 ★★★★
유머 ★★

감성이 풍부해도 너무 풍부하다. 떨어지는 낙엽이나 밤하늘의 별을 보며 눈물짓고, 조그만 벌레와 대화를 나누는 사차원 성격. 하지만 누구보다 정이 많고 낭만적이다.

과학반 귀염둥이
곽두기

체력 ★★★
지력 ★★★★
감성 ★★★★
호기심 ★★★★★
유머 ★★★★

형과 누나들의 귀여움을 독차지하는 과학반 막내. 나이도 가장 어리고 타고난 동안이라 언뜻 보면 유치원생 같다. 훈장 할아버지 덕에 어려운 단어를 줄줄 꿰고 있다.

우리를 찾아봐!

각도기
각을 재는 도구로, 태양 고도를 잴 때 사용해.

자전축
지구의 북극과 남극을 이은 상상의 선이야.

기단
기온과 습도가 거의 일정하고 엄청나게 커다란 공기 덩어리야.

한랭 전선
따뜻한 공기가 있는 지역에 차가운 공기가 다가올 때 생기는 전선이야.

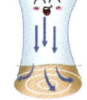
고기압
주위보다 높은 기압으로, 대체로 맑은 날씨가 나타나.

태풍
적도 부근 바다에서 생겨난 저기압 중에서 중심 부근 최대 풍속이 17m/s 이상인 커다란 비구름 덩어리야.

1교시 | 계절과 기온

여름엔 왜 더울까?

교과연계

초 6-2 계절의 변화
중 3 기권과 날씨

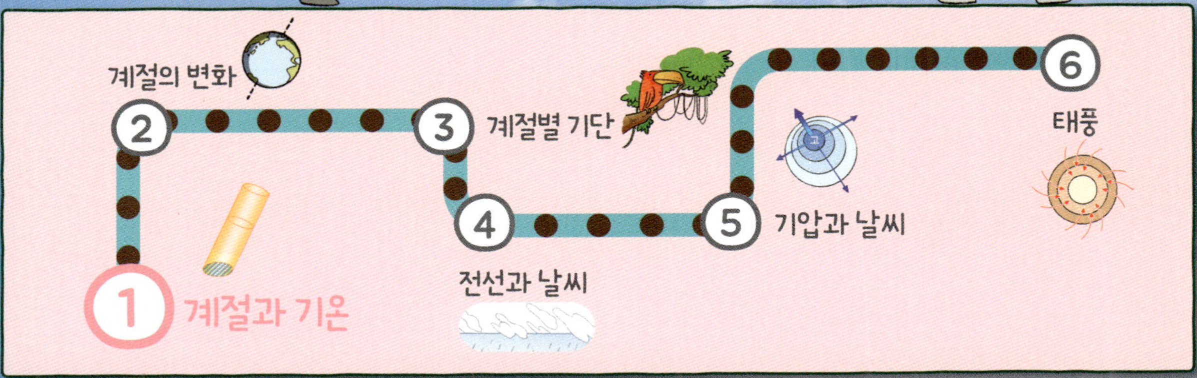

"너무 덥다."

과학실에 들어온 아이들이 에어컨 주위로 몰려들었다.

"와, 이제 살 것 같다! 여름이 오긴 왔나 봐. 너무 더워."

"그러게. 여름도 좀 시원하면 좋겠는데."

장하다의 말에 허영심이 톡 쏘아붙였다.

"날씨가 시원하면 그게 여름이니? 봄이나 가을이지."

"어쨌든 왜 이렇게 더운 거냐고!"

"글쎄? 여름엔 햇빛이 더 강해지나?"

그때 과학실로 들어온 용선생이 말했다.

"하하, 여름에 더운 이유가 궁금하니?"

"네!"

"좋았어. 하나씩 차근차근 알아보자고!"

# 계절을 어떻게 구분할까?

"우리나라는 사계절이 있어. 다들 알고 있지?"

"그럼요. 봄, 여름, 가을, 겨울이잖아요."

"너무 쉬운 걸 물었구나. 그러면 각 계절별로 날씨가 어떤지 말해 볼까?"

"일단 봄은요, 날씨가 따뜻해요. 봄비도 부슬부슬 내리고요. 파릇파릇한 새싹도 나죠."

"여름은 더워요. 그냥 무지 더워요. 비가 엄청나게 오는 날도 많아요."

"하하, 그렇지. 다른 계절도 계속 얘기해 볼래?"

이번에는 장하다가 나섰다.

"가을은 제가 얘기할게요. 가을은 좀 쌀쌀해요. 낙엽도 우수수 지고요."

"겨울은 춥고, 눈이 오는 날도 있죠."

"잘 말했어. 그럼 계절을 구분하는 기준은 뭘까?"

"그야…… 추운지 더운지로 구분하는 거 같은데요? 더우면 여름, 추우면 겨울, 그 중간이면 봄이나 가을이요."

"하하, 맞아. 좀 더 정확히 표현하면 '기온'으로 구분한단다. 기온은 공기의 온도를 말해."

"기온! 많이 들어 봤어요."

"그렇지? 우리나라에서 1년 동안 기온이 어떻게 변하는지 알아보자."

용선생은 그림을 하나 띄웠다.

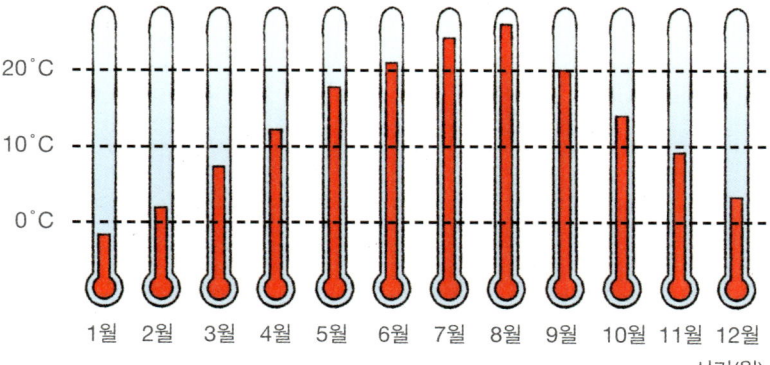

▲ 월별 기온 변화 10년 동안의 기온을 종합해서 나타냈어.

"우리나라는 1년 중 1월에 기온이 가장 낮아. 시간이 지나면서 기온이 점점 높아져서 7~8월에 기온이 가장 높지. 그 이후로는 다시 기온이 점점 낮아진단다."

"오호, 그러네요."

용선생은 그림에서 기온이 가장 높은 부분을 짚으며 말했다.

"이처럼 기온이 높은 기간을 여름이라고 해. 반대로 기온이 낮은 기간을 겨울이라고 하지. 기온이 여름과 겨울의 중간인 기간은 봄과 가을이야."

"여름이라 더운 게 아니라, 더운 기간을 여름이라고 하는 거네요."

"그렇지. 보통 1년을 4등분해서 한 계절을 3개월씩 잡아. 봄은 3월부터 5월까지, 여름은 6월부터 8월까지, 가을은 9월부터 11월, 그리고 겨울은 12월부터 2월까지야. 하지만 실제로는 이렇게 딱 구분하기 힘들어. 각 계절이 그 무렵이라고만 생각하면 돼."

핵심정리

우리나라에는 사계절이 있어. 계절은 기온으로 구분해. 기온이 높은 기간을 여름, 낮은 기간을 겨울이라고 해. 기온이 여름과 겨울의 중간인 기간이 봄과 가을이야.

 ## 태양의 높이를 정확히 나타내려면?

"기온에 따라 계절을 나누는 건 알겠어요. 근데 왜 여름에는 기온이 높고, 겨울에는 기온이 낮은 거죠?"

허영심이 보채자 용선생이 미소를 지으며 말했다.

"지금부터 그걸 알아보자고! 계절마다 기온이 다른 건 바로 태양이 떠 있는 높이와 관련이 있어. 우리가 바라볼 때 태양의 높이는 하루에도 계속 달라지지?"

"맞아요. 아침이나 저녁엔 낮고, 점심 땐 높아요."

"그래. 아침에 태양이 동쪽에서 떠오를 때부터 태양의 높이는 점점 높아져서 남쪽 하늘에 떠 있는 한낮에 가장 높고, 다시 점점 낮아져서 결국 서쪽으로 해가 지지."

"그러면 태양이 떠 있는 높이는 어떻게 재요?"

"태양의 높이는 하루 동안에도 계속 변하지만, 태양 고도라는 걸 이용해 정확히 나타낼 수 있어."

그러자 나선애가 고개를 갸우뚱하며 물었다.

"태양 고도가 뭔데요?"

"태양 고도는 태양이 지표면과 이루는 각을 말해."

"태양이 지표면과 이루는 각이요?"

"하하, 그건 그림을 보면서 알아볼까? 이건 아침, 저녁과

 곽두기의 낱말 사전

지표면 땅 지(地) 겉 표(表) 표면 면(面). 지구의 겉표면을 말해.

 장하다의 상식 사전

각 한 점에서 나간 두 직선이 벌어진 정도를 말해. 각의 크기는 각도기로 잴 수 있어.

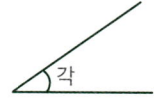

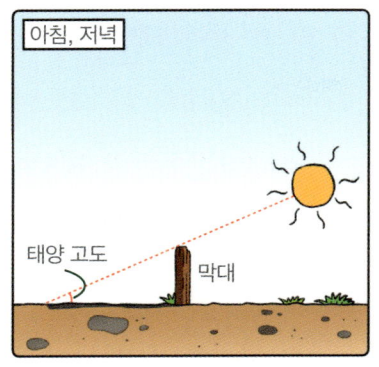 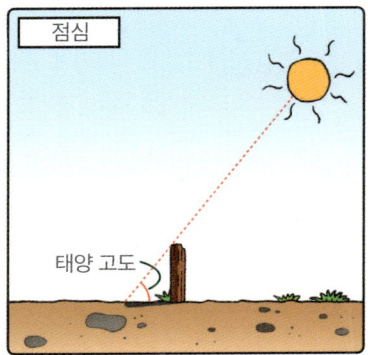

▲ 태양 고도

점심의 태양 고도를 나타낸 그림이야."

"오호! 태양이 낮게 떠 있으면 지표면과 이루는 각이 작고, 높게 떠 있으면 각이 커요."

용선생의 과학 현미경

태양 고도를 재려면?

태양 고도는 태양이 지표면과 이루는 각이야. 따라서 각도기와 막대, 실을 이용해서 태양 고도를 잴 수 있어.

평평한 바닥에 막대를 세우고 그림자를 확인해. 그림자 끝부분에 각도기의 중심이 오게 한 뒤, 막대의 꼭대기에서 각도기 중심까지 실을 팽팽하게 놓아. 바닥과 실이 이루는 각의 크기가 바로 태양 고도야. 태양 고도가 높으면 그림자가 짧고, 태양 고도가 낮으면 그림자가 길다는 것도 확인할 수 있어.

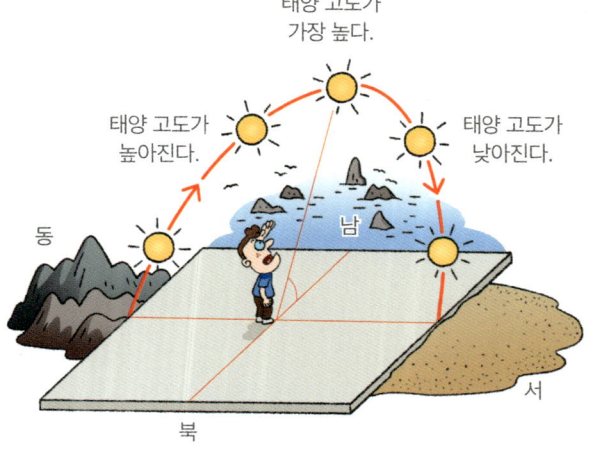

▲ 하루 동안 태양 고도의 변화

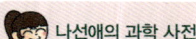

남중 남쪽 남(南) 가운데 중(中). 태양이 정확히 남쪽에 있다는 뜻이야.

"그렇지. 다시 말해 아침에 태양 고도가 낮고, 점심에는 태양 고도가 높아. 저녁에 다시 태양 고도는 낮아지지. 이처럼 태양이 지표면과 이루는 각인 태양 고도로 태양이 떠 있는 높이를 나타낼 수 있단다."

아이들이 고개를 끄덕이자 용선생이 말했다.

"그런데 말이야, 하루 중 태양 고도가 가장 높을 때 태양은 어느 방향에 있다고 했지?"

"음…… 남쪽이요."

"맞아. 태양이 정확히 남쪽 하늘에 떠 있으면 남중했다고 해. 그래서 하루 중 가장 높은 태양 고도를 '남중 고도'라고 불러. 우리나라에서는 낮 12시 30분 무렵에 태양이 남중 고도에 있지."

용선생의 말에 곽두기가 손가락을 탁 튕기며 말했다.

"아하! 남중 고도의 '남'이 남쪽이라는 뜻이었네요."

용선생이 고개를 끄덕이는데 장하다가 손을 들었다.

"선생님! 태양 고도만 알면 되지, 복잡하게 태양의 남중 고도까지 알아야 해요?"

"태양 고도는 관측하는 장소나 날짜에 따라서도 달라져.

그래서 서로 다른 장소나 날짜의 태양 고도를 비교하고 싶을 때에는 하루 중 태양이 가장 높이 떴을 때를 기준으로 비교해. 즉, 태양의 남중 고도를 사용하는 거야. 그러니까 한 장소에서 어느 날 해가 가장 높이 뜨고, 낮게 뜨는지 알려면 태양의 남중 고도를 비교하면 돼."

태양과 지표면이 이루는 각을 태양 고도라 하고, 태양이 정확히 남쪽에 떠 있을 때의 태양 고도를 태양의 남중 고도라고 해.

 계절에 따라 기온이 다른 까닭은?

허영심이 손을 살짝 들고 물었다.

"태양의 남중 고도가 언제 가장 높은데요?"

"태양의 남중 고도는 1년 동안 높아졌다, 낮아졌다 해. 1년 중 태양의 남중 고도는 6월에 가장 높아. 태양의 남중 고도가 가장 높을 때는 정확히 6월 21일경이고, 이날을 하지라고 한단다."

"하지! 들어본 것 같아요."

"하지가 지나면 태양의 남중 고도는 매일 조금씩 낮아지다가 12월에 가장 낮아져. 정확히는 12월 21일경이고, 이날은 동지라고 해."

"오호, 그렇군요."

"동지가 지나면 태양의 남중 고도는 6월까지 다시 조금씩 높아지지. 6월이면 여름이고, 12월이면 겨울이니까 태양의 남중 고도를 계절별로 비교해 보면 이 그림과 같아."

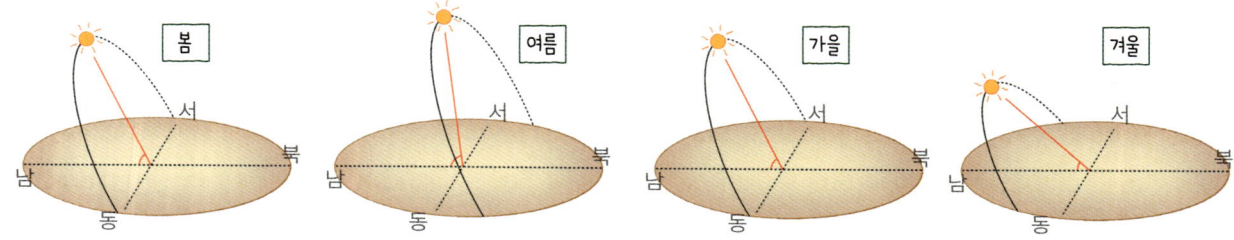

▲ 계절별 태양의 남중 고도 변화

"태양의 남중 고도는 여름에 가장 높고, 겨울에 가장 낮네요. 봄과 가을에는 그 중간이고요."

"맞았어. 이처럼 계절마다 태양의 남중 고도가 달라."

그때 나선애가 눈을 동그랗게 뜨며 말했다.

"어라, 혹시 여름에 기온이 높고 겨울에 기온이 낮은 게 태양의 남중 고도와 관련이 있나요?"

"오호, 아주 예리한걸?"

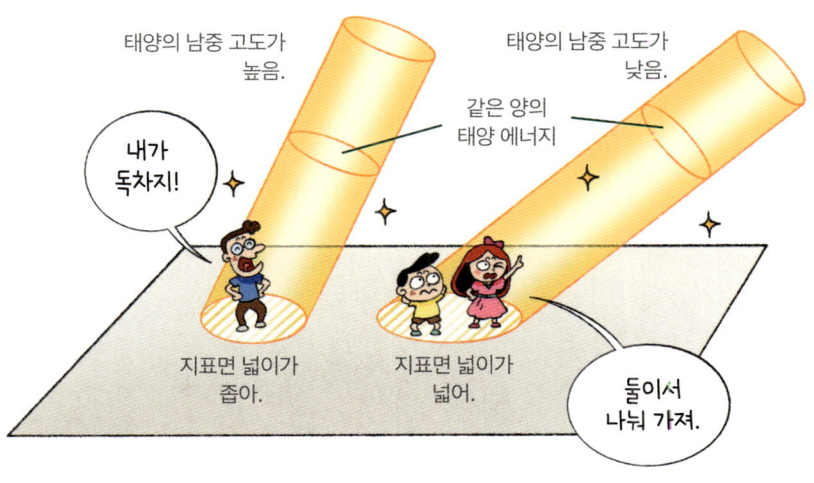

용선생은 새로운 그림을 한 장 띄웠다.

"태양의 남중 고도와 기온의 관계를 알아보자. 이 그림은 태양의 남중 고도가 높을 때와 낮을 때를 비교한 거야. 태양의 남중 고도가 달라지면 일정한 넓이의 지표면에 들어오는 태양 에너지양도 달라져. 이게 계절별 기온에 영향을 주지."

▲ 태양의 남중 고도와 지표면에 들어오는 태양 에너지양의 관계

> **용선생의 과학 현미경**
> 태양에서 오는 빛과 열을 태양 에너지라고 해.

"좀 더 자세히 설명해 주세요."

"그림에서 태양이 비치는 부분을 보렴. 같은 양의 태양 에너지를 받아도 태양의 남중 고도가 낮을수록 지표면에 더 넓게 퍼져. 반대로 태양의 남중 고도가 높아지면 더 좁은 지표면에 태양 에너지가 집중되지."

"그건 그림을 보니까 바로 알겠어요."

"그렇다면 일정한 넓이의 지표면을 비교했을 때 태양 에너지를 더 많이 받는 쪽은 어디일까?"

아이들은 잠시 생각에 잠겼다. 이윽고 왕수재가 조심스럽게 손을 들고 말했다.

"태양의 남중 고도가 높은 쪽이 태양 에너지도

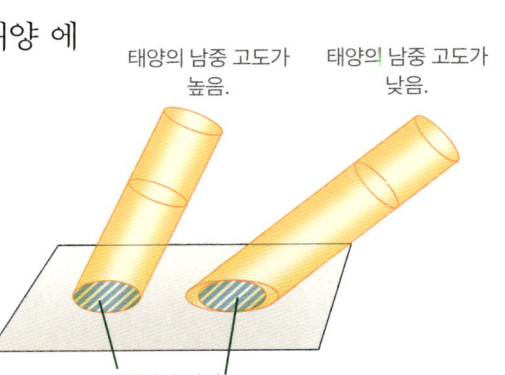

더 많이 받을 것 같아요."

"그렇지! 반대로 태양의 남중 고도가 낮을수록 일정한 넓이의 지표면이 받는 태양 에너지양은 적지."

"혹시 태양 에너지를 많이 받으면 더 따뜻해지나요?"

"지표면에 도달한 태양 에너지는 지표면을 달구고, 달구어진 지표면은 그 위의 공기를 따뜻하게 해서 기온이 높아져. 따라서 지표면에 도달하는 태양 에너지양이 많아지면 그만큼 기온이 많이 높아진단다."

용선생의 말에 허영심이 손가락을 탁 튕겼다.

"아하! 그래서 태양의 남중 고도가 높으면 기온이 높아져서 여름이 되는 거군요."

"반대로 태양의 남중 고도가 낮으면 기온이 낮아져서 겨울이 되고요."

"맞아. 또 태양의 남중 고도가 여름과 겨울의 중간이면 기온도 그 중간이라 봄과 가을이 되지."

용선생은 검지를 세우고 말했다.

"여기서 한 가지 더. 태양의 남중 고도가 높아질수록 낮의 길이도 길어져."

"그건 왜 그래요?"

"태양의 남중 고도가 높다는 건 태양이 지표면 위로 더 높이 올라갔다가 내려간다는 뜻이야. 그러니까 낮이 길어지지."

"그래서 여름에 낮이 길군요. 새벽부터 해가 떠서 저녁 늦게까지 해가 지지 않잖아요."

"그렇지. 낮이 길수록 지표면이 태양 에너지를 오래 받으니까, 이 또한 기온을 높아지게 해. 결국, 태양의 남중 고도가 높아지면 일정한 넓이의 지표면에 도달하는 태양 에너지양이 많아지고 낮도 길어지니까 더워진단다."

"겨울에는 그 반대고요."

나선애의 말에 왕수재도 질세라 큰 소리로 말했다.

"봄, 가을에는 그 중간이죠!"

"다들 잘 말했어. 이제 계절별로 기온이 다른 까닭을 잘 알겠지? 더우니까 시원한 수박이나 먹자!"

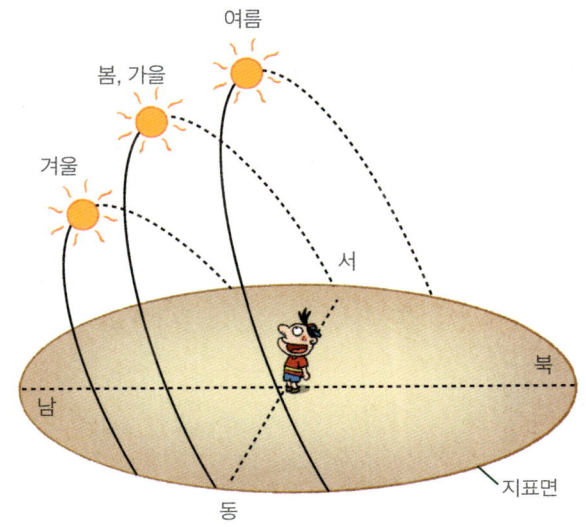

▲ **계절에 따른 태양의 움직임** 태양이 지표면 위에 떠 있는 동안이 낮이야. 태양의 남중 고도가 높을수록 낮이 길어.

핵심정리

태양의 남중 고도가 높으면 일정한 넓이의 지표면에 들어오는 태양 에너지양이 많고 낮의 길이도 길어져. 따라서 기온이 높은 여름이 돼.

# 나선애의 정리노트

1. 계절
① 우리나라는 봄, 여름, 가을, 겨울 사계절이 있음.
② 계절은 ⓐ _____ 으로 구분함.
- 기온이 높은 기간: 여름
- 기온이 낮은 기간: 겨울
- 기온이 여름과 겨울의 중간인 기간: 봄, 가을

2. 태양 고도
① 태양과 ⓑ _____ 이 이루는 각
② 태양의 남중 고도: 태양이 정확히 ⓒ _____ 에 떠 있을 때의 태양 고도
- 하루 중 가장 높은 태양 고도
- 우리나라는 낮 12시 30분 무렵에 태양이 남중 고도에 있음.

3. 계절에 따라 기온이 다른 까닭
① 태양의 남중 고도가 달라지기 때문
② 여름과 겨울의 비교

계절	ⓓ	ⓔ
태양의 남중 고도	높다.	낮다.
일정한 넓이의 지표면에 들어오는 태양 에너지양	많다.	적다.
낮의 길이	길다.	짧다.

ⓐ 기온 ⓑ 지표면 ⓒ 남쪽 ⓓ 여름 ⓔ 겨울

과학 퀴즈 - 달인을 찾아라!

●정답은 119쪽에

01

친구들이 이번 시간에 배운 내용에 대해 이야기하고 있어. 옳으면 O, 옳지 않으면 X를 표시해 줘.

① 태양 고도는 하루 중에도 계속 변해. (   )
② 태양 고도는 태양과 지표면 사이의 거리야. (   )
③ 한 장소에서 여름에는 봄보다 태양의 남중 고도가 높아. (   )

02

나선애가 태양의 남중 고도, 기온, 계절의 관계를 카드에 정리했는데, 실수로 카드가 다 섞여 버렸어. 나선애를 도와서 관계있는 것을 모두 찾아 선으로 연결해 줘.

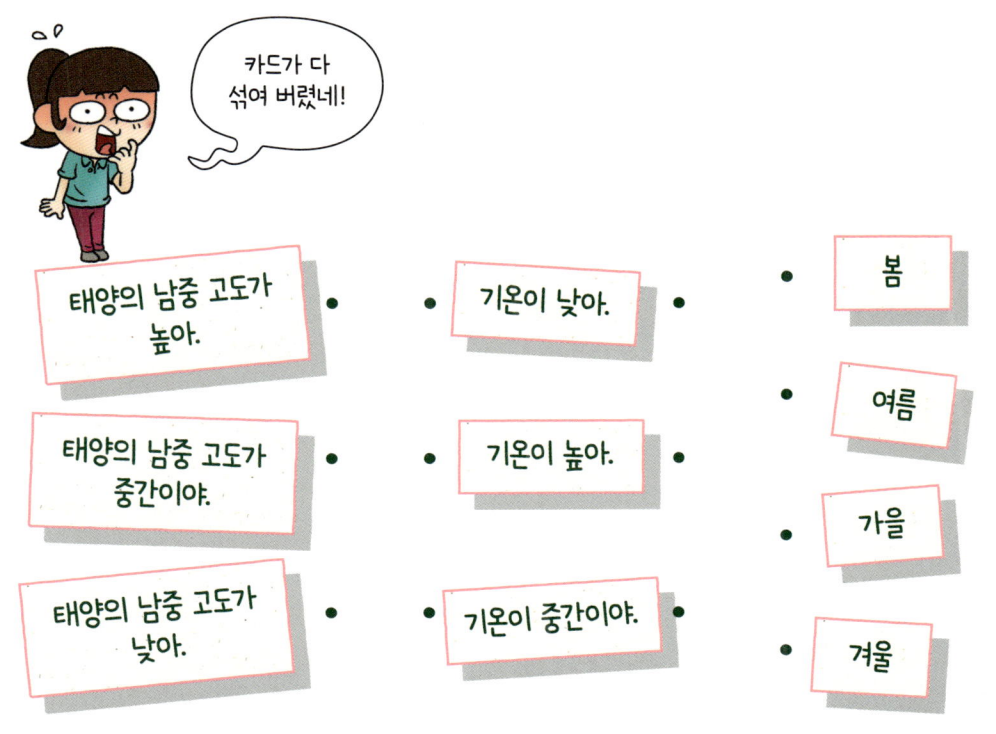

https://cafe.naver.com/yongyong

용선생의 과학 카페

과학계의 핵인싸,
용선생의 과학 카페에
오신 걸 환영합니다.

Log in

MENU

물리면 아프다
화학이 화하하
생물 오징어
지구는 둥글다

태양의 남중 고도와 기온의 관계는?

 선생님, 하루 중 태양 고도는 낮 12시 30분 무렵에 제일 높으니까 기온도 그때 가장 높겠죠?

 그렇지 않아. 오후 2시 30분 무렵에 기온이 가장 높아.

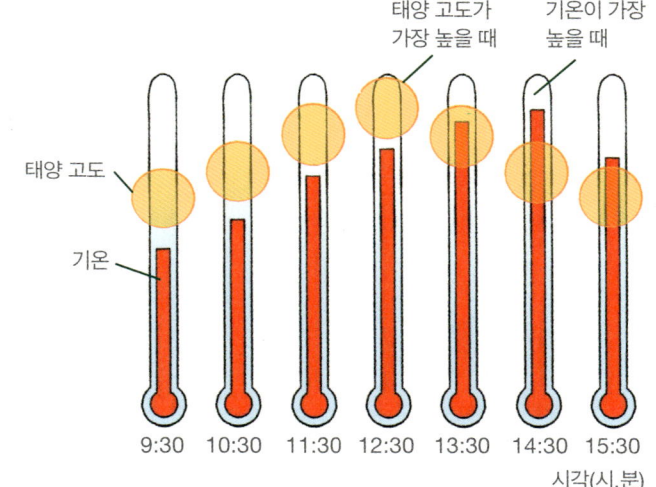

 정말요? 그건 왜 그래요?

 태양 에너지는 우리 주변의 공기를 직접 달구지 못해. 공기를 이루는 기체들이 태양 에너지를 거의 흡수하지 못하거든. 그래서 태양 에너지는 지표면을 달구고, 달구어진 지표면이 위에 있는 공기를 달군단다. 달구어진 지표면이 공기를 달구는 데에는 시간이 걸려.

 아하! 그래서 오후 2시 30분 무렵이 가장 덥군요.

응. 그런데 구름이 낀 날은 기온이 가장 높은 시각이 달라질 수 있어. 또 근처에 바다나 높은 산이 있는 경우도 공기의 흐름이 달라져서 기온이 가장 높은 시각이 달라질 수 있단다.

- 장하다의 오답을 피하는 방법
- 나선애의 야무진 실험실
- 왕수재의 아는 척 과학교실
- 허영심의 별 헤는 밤
- 곽두기의 빅뱅 따라잡기

 보통은 오후 2시 30분 정도에 기온이 가장 높은 거죠?

 맞아. 1년 동안 기온이 변할 때에도 같은 현상이 일어나. 태양의 남중 고도는 6월에 가장 높지만 실제로 기온이 가장 높을 때는 8월이란다.

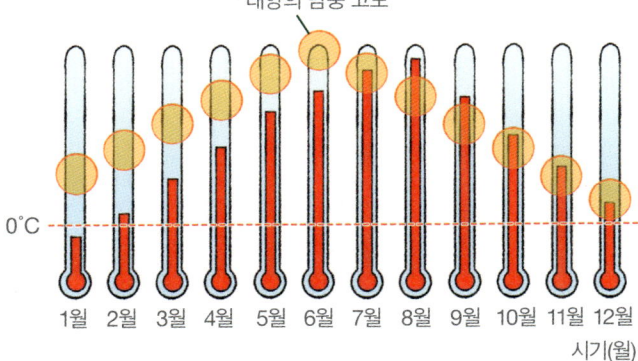

 여름 중에서도 8월에 가장 더운 까닭이 그거였군요. 이제 알았어요!

COMMENTS

 여름 방학에는 오후 2시 30분에 밖에 나가면 안 되겠다.

└ 제일 더울 때니까?

└ 아니. 그때 내가 좋아하는 만화영화가 시작하거든.

└ 어휴, 난 또.

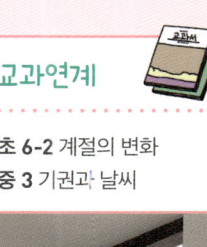

교과연계
초 6-2 계절의 변화
중 3 기권과 날씨

그러게. 우리나라는 왜 계절이 계속 바뀌지?

함께 알아보도록 할까?

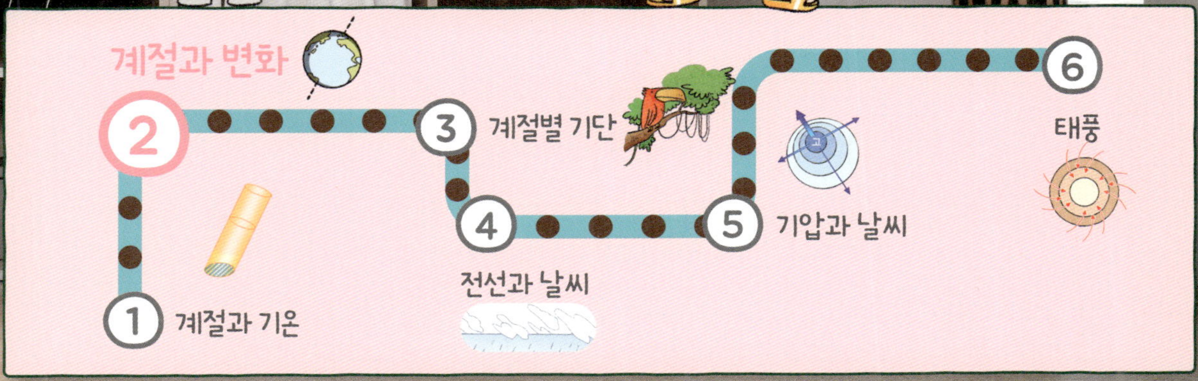

계절과 변화

1. 계절과 기온
2.
3. 계절별 기단
4. 전선과 날씨
5. 기압과 날씨
6. 태풍

"날씨가 갑자기 쌀쌀해졌어."

나선애와 허영심이 과학실로 들어서며 말했다.

"근데 하다야, 오늘 날씨가 꽤 쌀쌀한데 왜 반팔 티셔츠를 입고 왔어?"

허영심이 묻자 장하다가 머리를 긁적이며 말했다.

"그게…… 날씨가 쌀쌀할 줄 모르고 집에서 입었던 옷을 그대로 입고 나왔어."

"그러다 감기라도 걸리면 어쩌려고."

"어휴, 우리나라는 사계절이 있어서 계절마다 옷을 바꿔 입어야 하니까 귀찮아."

"그러게 말이야. 하와이는 늘 덥던데."

"우리나라는 왜 자꾸 계절이 변하지?"

지구는 어떻게 움직이고 있을까?

"우리나라는 왜 계절이 변하는지가 궁금하구나?"

용선생이 과학실로 들어서며 말했다.

"네. 저희 가족이 작년 여름방학이랑 겨울방학에 모두 하와이에 있는 이모네 집에 다녀왔거든요? 거기는 늘 여름처럼 덥더라고요."

"맞아. 그에 비해 우리나라는 사계절이 뚜렷하지. 이게 다 지구의 움직임 때문이야."

"그래요?"

"지구는 우주 공간에 가만히 멈춰 있는 게 아니라 자전과 공전을 한단다."

"자전과 공전! 들어는 봤는데, 정확히 무슨 뜻인지는 모르겠어요."

◀ **지구의 자전** 지구의 북극과 남극을 이은 상상의 선을 자전축이라고 해. 지구는 자전축을 중심으로 스스로 돌고 있어.

"하나씩 알아보자. 먼저 지구는 북극과 남극을 연결한 자전축을 중심으로 스스로 돌고 있어. 이것을 자전이라고 하지. 지구가 한 번 자전하는 데에는 약 하루가 걸려."

"오호, 그렇군요. 그럼 공전은요?"

"지구는 자전하는 동시에 태양 주위를 약 1년에 한 번 돌아. 이것을 공전이라고 하지."

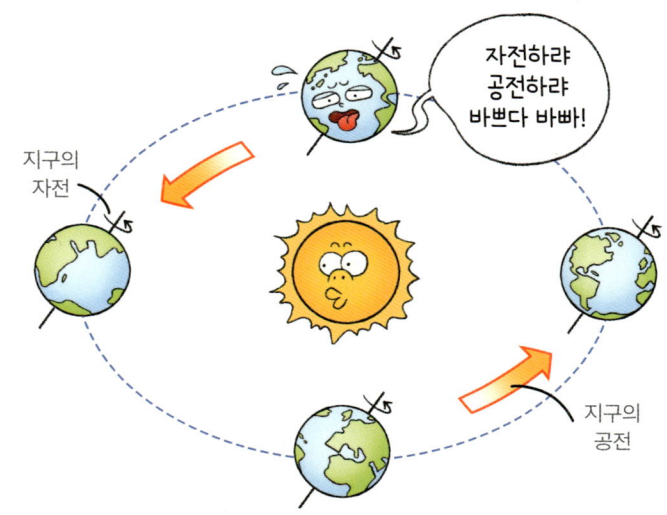

▲ 지구의 자전과 공전

용선생은 잠시 쉬었다가 말을 이었다.

"그런데 지구는 자전축이 기울어진 채로 공전한단다."

"네에? 자전축이 기울었다고요?"

"응. 지구의 공전 궤도가 포함된 평면을 공전 궤도면이라고 하는데, 지구 자전축은 공전 궤도면에 똑바로 서 있지

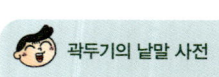

곽두기의 낱말 사전

궤도 바퀴자국 궤(軌) 길 도(道). 물체가 움직이는 길을 말해.

않고 기울어 있지."

"으아! 지구 자전축이 기울어 있다니 왠지 어지러운 거 같아요."

장하다가 호들갑을 떨자 아이들이 큰 소리로 웃었다.

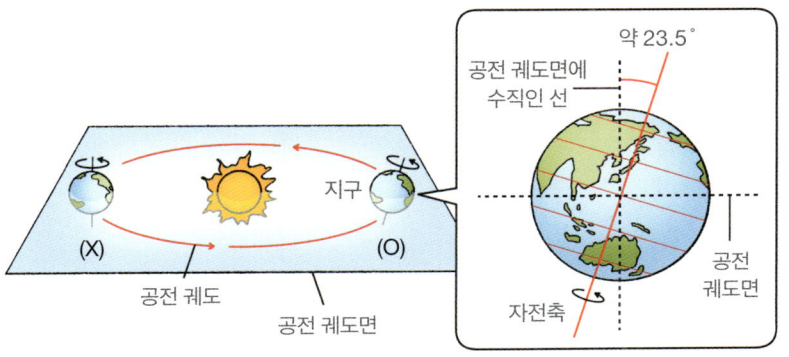

▲ **지구 자전축과 공전 궤도면** 지구 자전축은 공전 궤도면에 수직(90°)인 선에서 약 23.5° 기울어져 있어.

지구는 자전과 공전을 해. 지구의 자전축은 공전 궤도면에 기울어져 있어. 지구는 자전축이 기울어진 채 태양 주위를 공전하고 있지.

 ## 지구의 움직임에 따라 변하는 것은?

"지구가 자전축이 기운 채로 공전한다는 건 처음 알았어

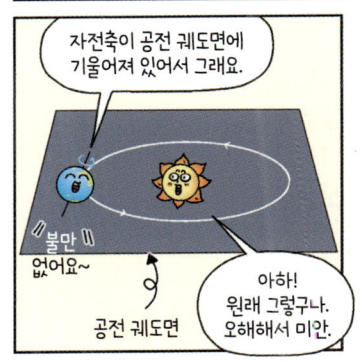

요. 그러면 무슨 일이 생기는데요?"

"자전축이 기운 채로 공전하면 한 장소에서 태양의 남중 고도가 계속 달라져."

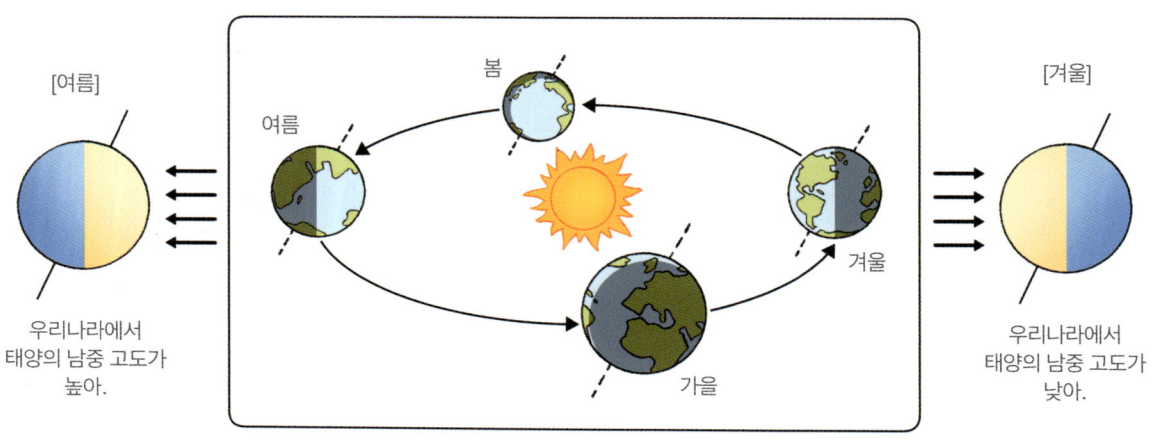

▲ **우리나라에서 1년 동안 태양의 남중 고도 변화** 표시된 계절은 우리나라의 계절이야.

"태양의 남중 고도요? 지난 시간에 배운 거잖아요."

"기억하는구나. 지난 시간에 태양의 남중 고도는 계절에 따라 다르다고 했지? 그 까닭이 바로 지구가 자전축이 기울어진 채 태양 주위를 공전하기 때문이란다."

"좀 더 자세히 설명해 주세요."

"좋아. 다 함께 그림을 볼까? 일단 우리나라를 기준으로 생각해 보자고."

용선생은 새로운 그림을 띄우고는 설명을 이었다.

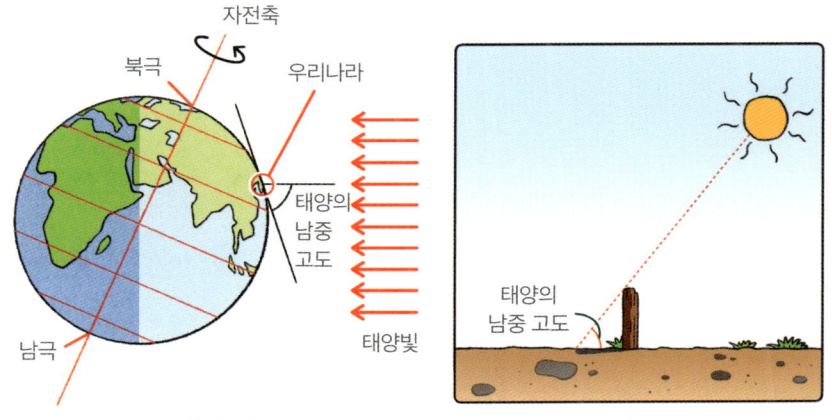

▲ **우리나라가 여름일 때** 우리나라에서 본 태양의 남중 고도가 높아.

"우리나라가 여름일 때에는 지구의 자전축이 태양 쪽으로 기울어 있어. 따라서 우리나라가 있는 북반구에서 태양의 남중 고도가 높아. 태양의 남중 고도가 높아지면 일정한 넓이의 지표면에 들어오는 태양 에너지양이 많고 낮이 길어진다고 했지? 따라서 우리나라는 기온이 높은 여름이 되는 거야."

"그렇군요."

그때 나선애가 손을 들고 물었다.

"근데 태양빛이 저렇게 나란히 들어와요?"

"아주 좋은 질문이야. 사실 태양빛은 사방으로 퍼지지만, 지구는 태양에서 아주 멀리 떨어져 있고 크기도 태양에 비하면 무척 작아서 지구에 들어오는 태양빛은 거의 나란하단다."

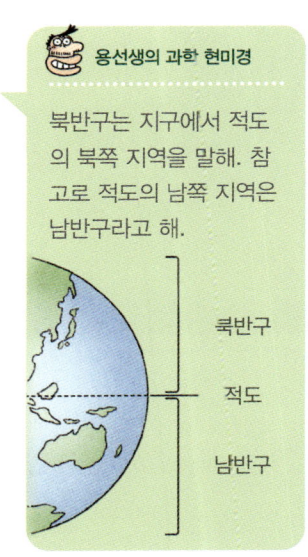

용선생의 과학 현미경

북반구는 지구에서 적도의 북쪽 지역을 말해. 참고로 적도의 남쪽 지역은 남반구라고 해.

▼ 지구에 들어오는 태양빛

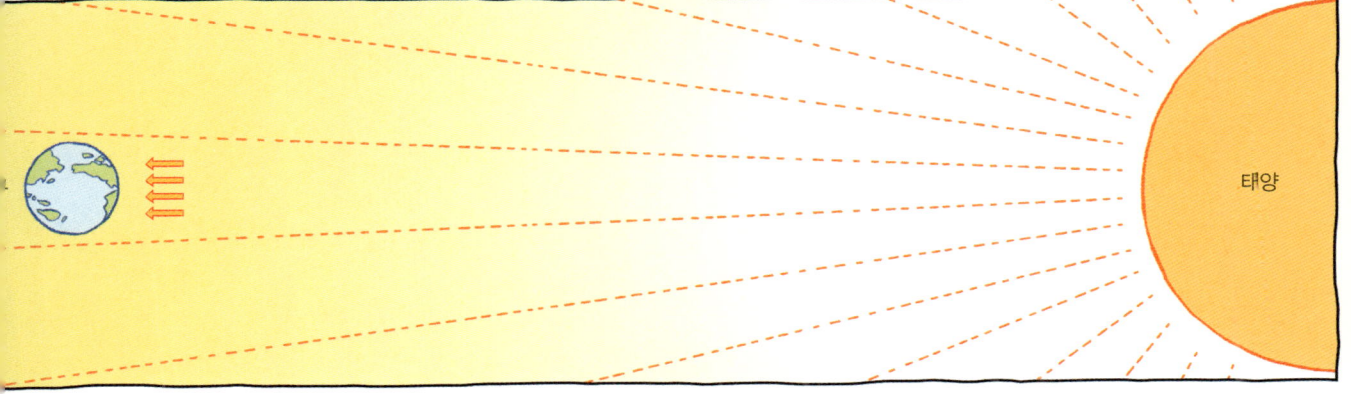

"아하, 그래서 태양빛을 나란하게 그린 거군요."

"그렇지. 이번에는 우리나라가 겨울일 때를 알아보자. 이때에는 지구의 자전축이 태양 반대쪽으로 기울어 있고, 북반구에서 태양의 남중 고도가 낮아. 태양의 남중 고도가 낮아지면 일정한 넓이의 지표면에 들어오는 태양 에너지양이 적고 낮이 짧아져. 따라서 북반구에 있는 우리나라는 기온이 낮은 겨울이 되지."

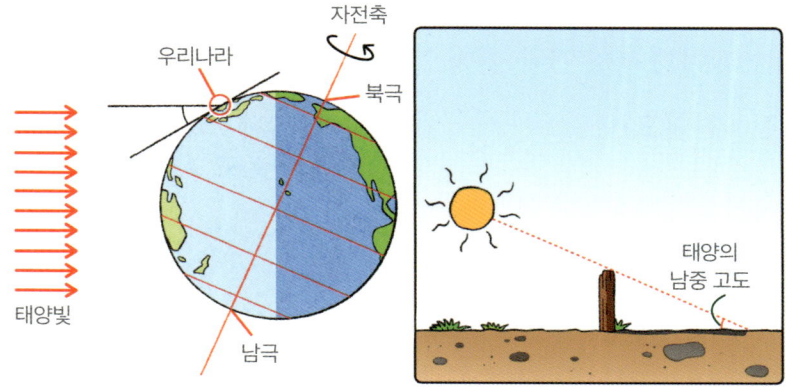

▲ **우리나라가 겨울일 때** 우리나라에서 본 태양의 남중 고도가 낮아.

"그러면 우리나라가 봄이나 가을일 때는요?"

"이때에는 자전축이 태양 쪽도 태양 반대쪽도 아닌 방향으로 기울어 있어. 우리나라에서 태양의 남중 고도는 여름과 겨울의 중간 정도야. 겨울에서 여름으로 넘어가는 시기는 봄, 여름에서 겨울로 넘어가는 시기는 가을이지."

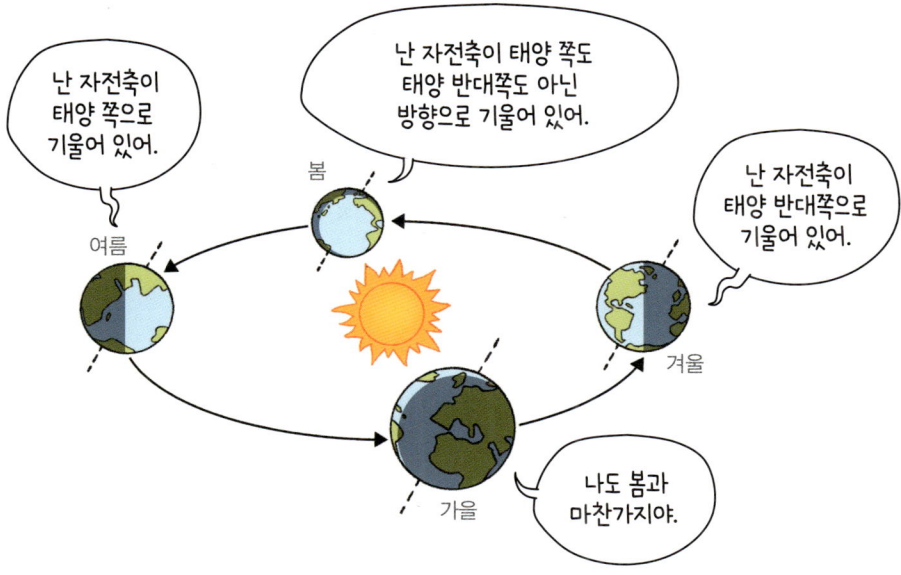

그러자 왕수재가 무릎을 탁 치며 말했다.

"오호, 1년 동안 태양의 남중 고도가 이런 식으로 계속 변하는군요."

"바로 그거야. 지구가 자전축이 기울어진 채 공전하는 동안 우리나라에서 본 태양의 남중 고도가 계속해서 바뀌니까 계절이 변하는 거란다."

"지구는 자전축이 기울어진 채 공전한다! 꼭 기억해야겠어요."

"후후, 이제 우리나라의 계절이 계속 바뀌는 까닭을 잘 알겠지?"

아이들이 "네!" 하며 모두 고개를 끄덕였다.

 용선생의 과학 현미경

만약 지구가 자전축이 기울지 않은 상태에서 태양 주위를 공전한다면, 지구상 한 장소에서 받는 태양 에너지양과 낮의 길이는 1년 내내 같을 거야. 따라서 지금과 같은 계절 변화는 나타나지 않아.

 핵심정리

지구가 자전축이 기운 채로 태양 주위를 공전하기 때문에 우리나라에서 본 태양의 남중 고도가 계속 바뀌어. 그 결과 계절 변화가 생겨.

다른 지역의 계절은 어떨까?

"그런데요, 다른 지역은 계절이 어떻게 돼요? 예를 들어 하와이 같은 곳이요. 거긴 늘 덥잖아요."

"맞아요. 북극 같은 곳은 늘 춥고요."

"그것도 그 지역에서 태양의 남중 고도가 1년 동안 어떻게 변하는지 알아보면 이해하기 쉬워. 우선 '위도'라는 말부터 배워 보자. 위도는 지구상의 위치를 나타내기 위해 적도와 나란하게 그은 선이야. 보통 위도 0°~30°(도)를 저위도, 30°~60°를 중위도, 60°~90°를 고위도라고 해."

"위도는 들어본 적 있어요. 근데 우리나라는 위도가 어느 정도 돼요?"

"북반구의 위도를 북위, 남반구의 위도를 남위라고 하는데, 우리나라는 북위 33°에서 43° 정도에 걸쳐 있어. 그러니까 우리나라는 북반구 중위도에 있지."

"그럼 하와이와 북극은요?"

"하와이는 저위도 지역이고, 북극은 고위도 지역이야."

"흠, 그런데 위도와 태양의 남중 고도는 무슨 관계가 있는 거죠?"

용선생은 새로운 그림을 띄우고는 말을 이었다.

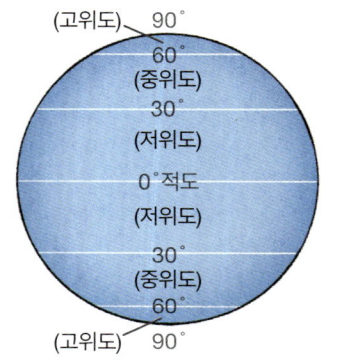

▲ **위도** 적도는 위도가 0°이고, 북쪽과 남쪽으로 각각 90°까지 있어

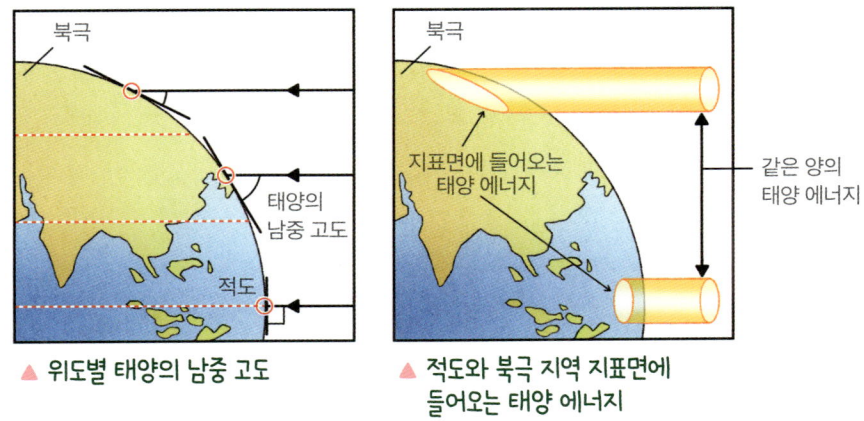

▲ 위도별 태양의 남중 고도

▲ 적도와 북극 지역 지표면에 들어오는 태양 에너지

"우리나라와 같은 중위도 지역과 비교해서 저위도와 고위도 지역에서 태양의 남중 고도는 어떠니? 비교하기 쉽게 적도 지역과 북극 지역을 생각해 보자."

"음……. 적도 지역은 높고, 북극 지역은 낮아요."

"맞았어. 게다가 적도 지역과 북극 지역에서 태양의 남중 고도는 1년 내내 큰 변화가 없단다. 적도 지역은 1년 내내 높고 북극 지역은 늘 낮아. 하와이 같은 적도 근처 저위도 지역과 북극 근처 고위도 지역도 마찬가지야. 따라서 두 지역의 기온은 1년 동안 큰 변화가 없어."

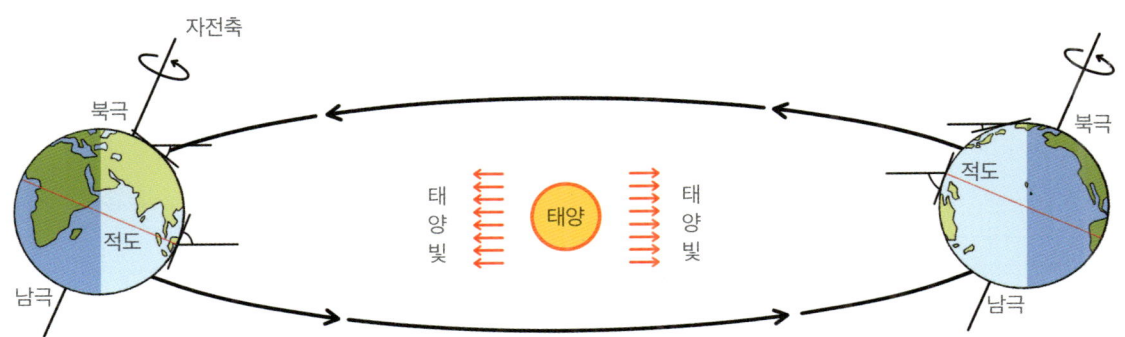

▲ 적도와 북극 근처 지역에서 1년 동안 태양의 남중 고도 적도 근처 저위도 지역은 1년 내내 높고, 북극 근처 고위도 지역은 1년 내내 낮아.

왕수재가 안경을 고쳐 쓰며 말했다.

"아하! 그래서 1년 동안 적도 근처는 계속 덥고 북극 근처는 계속 추운 거네요."

"그렇지. 이에 비해 우리나라를 포함한 중위도에서는 지구가 공전하면서 태양의 남중 고도가 뚜렷이 변해. 그래서 중위도 지역은 사계절이 뚜렷하단다."

"이제 확실히 이해했어요!"

용선생은 잠시 쉬었다가 말을 이었다.

"지금까지는 우리나라가 있는 북반구 위주로 살펴봤는데, 남반구의 계절도 알아볼까?"

"남반구는 뭔가 다른가요?"

용선생은 고개를 끄덕이며 새로운 그림을 띄웠다.

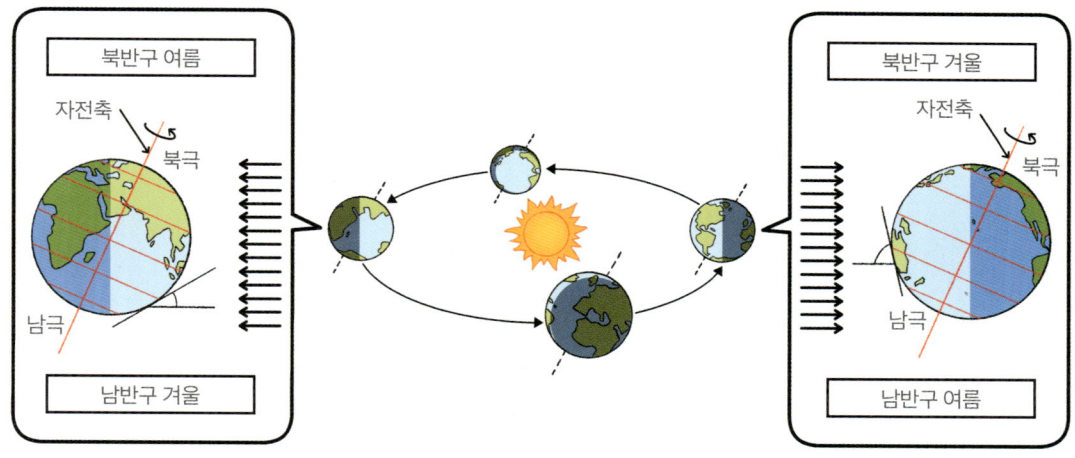

▲ **남반구의 계절 변화** 남반구는 북반구와 계절이 서로 반대야.

"그림에서 알 수 있듯이 지구가 공전하는 동안 태양의 남중 고도는 북반구와 남반구에서 서로 반대로 변해. 북반구에서 태양의 남중 고도가 높으면 남반구에서는 태양의 남중 고도가 낮지."

"그럼 북반구가 더울 때 남반구는 춥고, 북반구가 추울 때 남반구는 덥겠네요."

"맞아. 결국, 북반구와 남반구의 계절이 서로 반대로 나타나. 북반구가 여름일 때 남반구는 겨울, 북반구가 겨울일 때 남반구는 여름이야. 예를 들어 7월에 북반구는 여름, 남반구는 겨울이고 12월에 북반구는 겨울, 남반구는 여름이지."

허영심이 고개를 끄덕이며 말했다.

"좋은 생각이 났어요. 앞으로 여름휴가는 더위를 피해 남반구로 가면 좋겠어요."

"에이, 더운 날씨도 좀 견딜 줄 알아야지. 그래야 아이스크림도 더 맛나잖아."

장하다의 말에 모두가 웃음을 터뜨렸다.

핵심정리

북극 근처 지역은 태양의 남중 고도가 늘 낮아서 계속 춥고, 적도 근처 지역은 태양의 남중 고도가 늘 높아서 계속 더워. 또 남반구와 북반구는 계절이 서로 반대로 나타나.

나선애의 정리노트

1. 지구의 움직임
① 자전: 북극과 남극을 연결한 ⓐ [　　] 을 중심으로 하루에 한 번 스스로 돌고 있음.
② 공전: 태양 주위를 1년에 한 번 돌고 있음.
③ 지구는 자전축이 기울어진 채 태양 주위를 ⓑ [　　] 하고 있음.

2. 우리나라 계절 변화의 원인
① 지구가 자전축이 기울어진 채 태양 주위를 공전함.
  → 우리나라에서 본 태양의 남중 고도가 계속 바뀜.
  → 태양의 남중 고도에 따라 ⓒ [　　] 이 달라짐.
  → 계절이 바뀜.

3. 다른 지역의 계절
① 북극 근처: 태양의 남중 고도가 늘 낮아서 계속 추움.
② ⓓ [　　] 근처: 태양의 남중 고도가 늘 높아서 계속 더움.
③ 남반구: ⓔ [　　] 와 계절이 반대로 나타남.

ⓐ 자전축 ⓑ 공전 ⓒ 기온 ⓓ 적도 ⓔ 북반구

과학퀴즈 🧪 달인을 찾아라!

●정답은 119쪽에

01

친구들이 이번 시간에 배운 내용에 대해 이야기하고 있어. 옳으면 O, 옳지 않으면 X를 표시해 줘.

① 태양에서 지구로 들어오는 태양빛은 거의 나란해. (　　)

② 지구는 자전축이 기울어 있어서 공전을 하지 않아도 계절은 바뀌어. (　　)

③ 남반구는 7월에 여름이야. (　　)

02

장하다가 겨울 방학에 남반구에 있는 오스트레일리아로 여행을 가려 해. 장하다가 야외 활동을 할 때 입으면 좋을 옷차림을 4개 골라 줘.

힌트 우리나라가 겨울일 때 남반구는 어느 계절인지 생각해 봐.

용선생의 과학 카페 | 용선생의 한국사 카페 | 용선생의 세계사 카페

https://cafe.naver.com/yongyong

용선생의 과학 카페

과학계의 핵인싸, 용선생의 과학 카페에 오신 걸 환영합니다.

Log in

오늘은 어떤 재미난 지식을 올려 볼까?

MENU

물리면 아프다
화학이 화하하
생물 오징어
지구는 둥글다

북극에도 계절이 있을까?

 북극 지역은 늘 춥잖아요. 그러니까 거기는 우리나라처럼 계절이 변하지 않죠?

 하하, 과연 그럴까? 북극은 1년 내내 춥지만 사계절이 뚜렷한 지역에서는 볼 수 없는 특이한 현상이 나타나. 이 그림을 볼래?

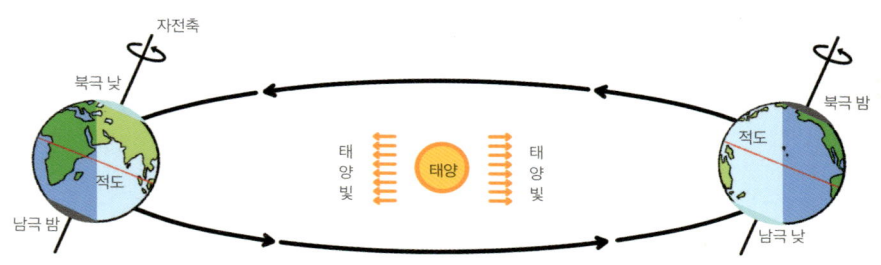

▲ **북극과 남극 지역** 낮이 계속되거나 밤이 계속되는 현상이 나타나.

 지구가 태양 주위를 공전하는 그림이잖아요?

 응. 그림에서 지구가 왼쪽 위치에 있을 때 북극 근처는 지구가 자전하는 동안 해가 계속 비쳐. 한 마디로 낮이 계속되는 거야. 이때를 백야라고 해. 보통 6월 말부터 시작해서 최대 6개월 동안 계속된단다. 이때가 북극의 여름이야.

 그때는 북극도 좀 따뜻한가요?

▲ **백야 현상** 하루 종일 태양이 지지 않고 계속 떠 있어.

 그렇지는 않아. 평소보다 기온이 올라가기는 하지만 여전히 영하의 날씨란다. 한편 그림에서 지구가 오른쪽 위치에 있을 때에는 북극에 해가 전혀 뜨지 않아. 이때는 극야라고 하는데, 이 기간이 바로 북극의 겨울이야.

 오호, 극야일 때에는 해가 전혀 뜨지 않으니까 특히 더 춥겠어요.

 그렇지. 남극에서는 북극과 6개월 간격을 두고 같은 현상이 일어난다는 것도 알아 둬.

 북극과 남극에도 계절이 있다는 건 처음 알았네요.

COMMENTS

 극야 때는 계속 밤이니까 실컷 잘 수 있겠다.
└ 어휴, 잠꾸러기.
└ 백야 때는 계속 낮이니까 실컷 뛰어놀 수 있겠다.
└ 어휴, 개구쟁이.

3교시 | 계절별 기단

우리나라 겨울은 왜 춥고 건조할까?

가습기가 생겼네.

하얀 김을 쐬니까 촉촉해지는 것 같아!

"가습기다! 하얀 김이 폴폴 나오네."

"촉촉한 느낌이 아주 좋아."

아이들이 가습기를 보고 있는데, 용선생이 과학실로 들어서며 말했다.

"다들 가습기 주위에 모여 뭐 하니?"

"촉촉한 김을 쐬고 있어요. 근데 이건 어디서 나셨어요?"

"과학실 공기가 너무 건조해서 하나 마련했지."

"그러게요. 겨울은 춥기만 한 게 아니라 왜 이리 공기까지 건조한지 모르겠어요."

 ### 계절별 날씨에 영향을 주는 것은?

"아주 좋은 수업 주제인데? 지난번에 계절을 구분하는

기준이 뭐라고 했지?"

"그야 추운지 더운지, 그러니까…… 기온이요!"

"잘 기억하고 있구나. 계절을 구분하는 기준은 기온이지만, 계절에 따라 기온만 달라지는 건 아니란다. 좀 전에 너희가 말한 것처럼 우리나라 겨울 날씨는 기온이 낮아서 추울 뿐 아니라 공기도 건조한 편이지."

용선생의 말이 끝나길 기다렸다가 장하다가 손을 들었다.

"근데 건조하다는 게 정확히 무슨 뜻이에요? 많이 쓰는 말이긴 한데 정확한 뜻을 모르겠어요."

"아주 좋은 질문이야. 공기 중에 수증기가 포함된 정도를 습도라고 해. 공기 중에 수증기가 많으면 습도가 높고 축축한 느낌이 들어. 반대로 공기 중에 수증기가 적으면 습도가 낮고 푸석푸석한 느낌이 들지."

"맞아요! 비 오는 날 축축한 느낌, 잘 알죠."

허영심이 머리카락을 쓸어 넘기며 말했다.

"하하! 습도가 높을 때 '공기가 습하다.'라고 하고, 습도가 낮을 때 '공기가 건조하다.'라고 한단다."

"그러면 겨울에 건조하다고 하는 건 습도가 낮다는 말이네요."

"맞아. 우리나라 겨울 날씨가 춥고 건조한 까닭은 바로

▲ 정글은 습도가 높아 습하고, 사막은 습도가 낮아 건조해.

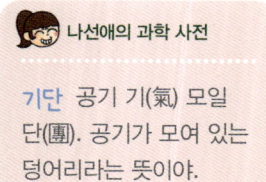

나선애의 과학 사전

기단 공기 기(氣) 모일 단(團). 공기가 모여 있는 덩어리라는 뜻이야.

▲ **시베리아 위치** 러시아의 영토 중 우랄산맥의 동쪽 지역을 말해.

시베리아에 있는 공기 때문이란다."

"시베리아에 있는 공기요? 시베리아에 있는 공기가 어떻게 우리나라를 춥고 건조하게 해요?"

용선생은 조용히 칠판에 '기단'이라고 적었다.

"그걸 이해하려면 먼저 기단에 대해 알아야 해. 기단은 기온과 습도가 거의 일정하고, 엄청나게 커다란 공기 덩어리를 말해. 보통 큰 게 아니라 끝에서 끝까지 거리가 1,000km(킬로미터)를 넘고 높이는 수 km에 이를 정도야."

"그렇군요. 그런데 왜 갑자기 기단 얘길 하시는 거예요? 혹시 시베리아에 기단이 있나요?"

"맞았어. 시베리아 지역에 기단이 있어. 시베리아 기단이라고 하지. 그런데 시베리아 지역에만 기단이 있는 건 아니야. 세계 곳곳에 기단들이 자리 잡고 있지."

용선생은 기단이 표시된 세계 지도를 띄웠다.

▶ **전 세계의 기단**

"우아, 기단이 참 많네요."

"그렇지?"

"그런데 기단은 어떻게 생겨나는 거예요?"

"기단은 넓은 지역에 걸쳐 기온과 습도가 거의 일정한 곳에 생겨."

"예를 들면요?"

"얼음으로 뒤덮인 드넓은 평야, 북극 근처 차가운 바다, 건조한 사막, 더운 열대 지방의 바다 같은 곳에서 기단이 생겨나지. 또 바람이 약해서 공기 덩어리가 한곳에 오랫동안 머물 수 있으면 더 좋아."

"음…… 그러면 어떤 일이 일어나는데요?"

곽두기가 고개를 갸우뚱하며 물었다.

"그러한 곳에 공기 덩어리가 오래 머물면, 공기 덩어리의 성질은 그 지역의 기온이나 습도와 비슷해진단다. 이런 식으로 기단이 생겨나."

용선생은 시베리아 사진을 띄우고 말을 이었다.

▼ 시베리아의 겨울

"예를 들어, 춥고 건조한 시베리아 지역에서 만들어진 시베리아 기단은 차갑고 건조한 성질이 있지."

"오호, 그렇군요."

핵심정리

기단은 기온과 습도가 거의 일정하고, 엄청나게 커다란 공기 덩어리야. 공기 덩어리가 한곳에 오랫동안 머물면 그 지역의 성질과 비슷한 기단이 생겨나.

우리나라 주변의 기단은?

왕수재가 기단이 그려진 지도를 가리키며 말했다.

"선생님, 지도를 보니 우리나라 주변에는 시베리아 기단만 있는 건 아니네요?"

"이야, 수재가 중요한 걸 발견했구나. 우리나라 주변에는 기단이 4개 자리 잡고 있어."

"4개요? 뭐가 그리 많아요?"

허영심이 골치 아프다는 듯이 말했다.

"하하, 그건 우리나라의 위치와 관계가 있어. 일단 우리나라는 중위도에 자리 잡고 있어. 그러니 남쪽 저위도와

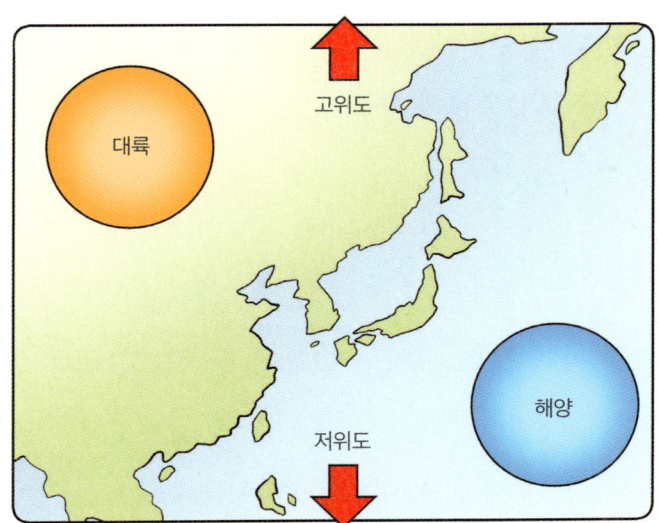

▲ **우리나라의 위치** 우리나라는 대륙과 해양이 접하는 곳에 있고, 위도 상으로는 중위도에 자리 잡고 있어.

북쪽 고위도의 영향을 받는단다."

"위도에 따라서 뭐가 달라지나요?"

"저위도는 더운 적도 쪽에 가까우니까 따뜻하거나 더운 기단이 생기고, 고위도 쪽으로 갈수록……."

그러자 왕수재가 얼른 끼어들었다.

"극지방에 가까워지니까 차가운 기단이 생기겠네요."

"잘 이해했구나. 또 우리나라는 대륙과 해양이 접하는 곳에 위치해."

"그렇죠."

"기단이 대륙에 있느냐 해양에 있느냐에 따라서 기단의

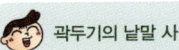

곽두기의 낱말 사전

해양 바다 해(海) 큰 바다 양(洋). 넓고 큰 바다를 말해. 예를 들어, 태평양, 대서양, 인도양 등이 있어.

습도가 달라져. 대륙에 있는 기단과 해양에 있는 기단의 습도가 어떨지 한번 생각해 볼래?"

나선애가 얼른 말했다.

"해양에 있는 기단은 바닷물 위에 있으니까 습할 것 같아요. 대륙에 있는 기단은 그 반대로 건조하고요."

"맞아. 그럼 예를 들어 고위도 대륙에 생기는 기단의 성질은 어떨까?"

"고위도니까 차갑고, 대륙이니까 건조하겠네요."

"그렇지. 이런 식으로 기단은 생겨난 곳에 따라 성질이 정해져. 기단의 이름도 기단이 생겨난 곳의 이름을 따서 불러. 우리나라 주변에 있는 기단들의 이름은 시베리아 기단, 양쯔강 기단, 북태평양 기단, 오호츠크해 기단이야."

"처음 들어보는 이름도 많아요."

"지도에서 각 지역을 확인해 볼까?"

용선생은 지도에서 각 기단을 짚어가며 설명을 계속했다.

"시베리아 기단은 고위도 대륙에서 생기니까 차갑고 건조한 성질이 있어. 또 양쯔강 기단은 저위도 대륙에서 생겨서 따뜻하고 건조하지. 북태평양 기단은 저위도 해양에서 생겨나서 덥고 습하고, 오호츠크해 기단은 고위도 해양에서 생겨 차갑고 습해."

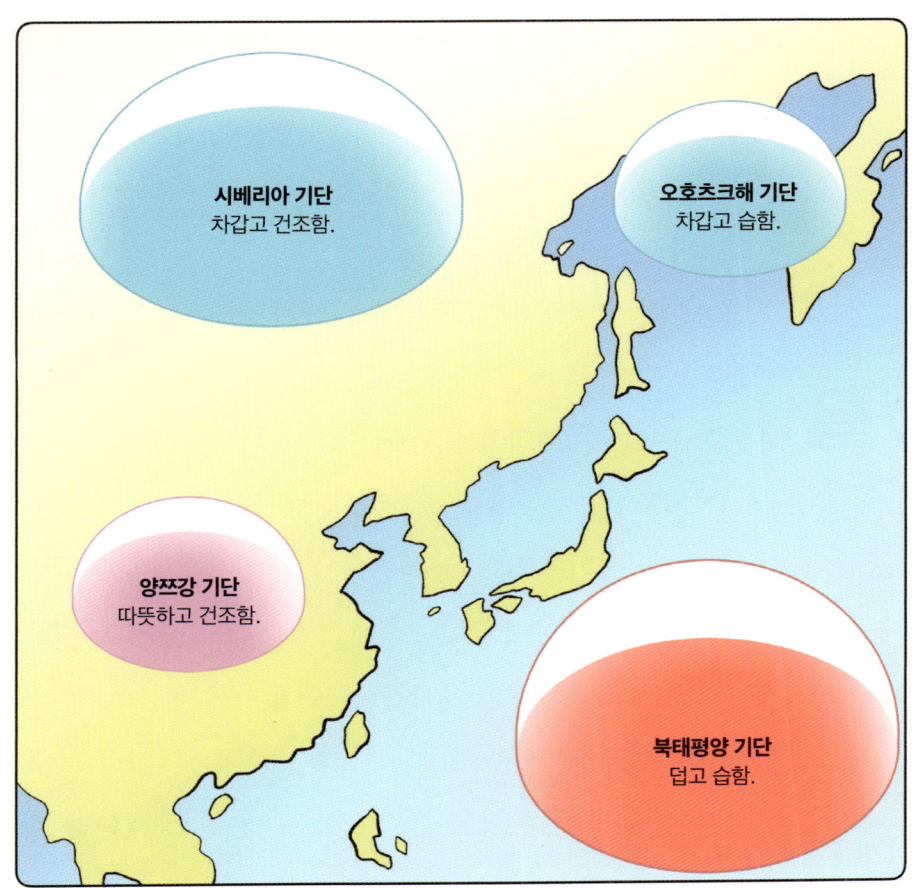

▲ 우리나라 주변 기단

이제 정리가 좀 되네요.

	대륙 (건조함)	해양 (습함)
고위도 (기온 낮음)	차갑고 건조함.	차갑고 습함.
저위도 (기온 높음)	따뜻하고 건조함.	따뜻하고 습함.

 핵심정리

우리나라 주변에는 차갑고 건조한 시베리아 기단, 따뜻하고 건조한 양쯔강 기단, 덥고 습한 북태평양 기단, 차갑고 습한 오호츠크해 기단이 있어.

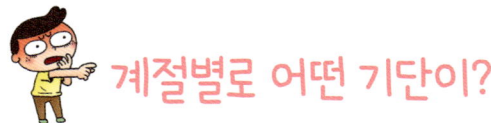
계절별로 어떤 기단이?

"그런데 시베리아 기단이 우리나라 겨울 날씨에 어떻게 영향을 줘요?"

"겨울에는 시베리아 기단이 우리나라로 이동해 와. 시베리아 기단은 차갑고 건조하다고 했지? 따라서 우리나라 날씨도 춥고 건조해."

"그럼 여름에는요?"

"일단 우리나라 여름철 날씨는 어떻지?"

"무지 덥고…… 습해요."

"맞아. 여름에는 덥고 습한 성질을 가진 북태평양 기단이 우리나라로 이동해 와. 따라서 우리나라 날씨는 덥고 습해지지. 이처럼 계절별 날씨가 달라지는 건 우리나라로 이동해 오는 기단이 계절에 따라 달라지기 때문이야. 우리나라에 어떤 기단이 이동해 오느냐에 따라 우리나라의 기온과 습도가 달라지는 거지."

그러자 허영심이 고개를 끄덕이며 말했다.

"봄과 가을에는 어떤 기단의 영향을 받는 거죠?"

"봄과 가을에는 같은 기단의 영향을 받아. 그때 중국 쪽에서 따뜻하고 건조한 양쯔강 기단이 우리나라로 이동해 오거든."

"아하! 그래서 봄과 가을 날씨가 비슷한 거군요. 따뜻하면서 건조한 날씨요."

나선애의 말이 끝나기가 무섭게 곽두기가 손을 번쩍 들었다.

"근데 오호츠크해 기단은 왜 빠뜨리세요?"

"오호츠크해 기단은 초여름에 짧은 기간 동안 우리나라에 이동해 와."

"그래요? 오호츠크해 기단은 차갑다고 했는데, 초여름에 온다고요?"

장하다가 고개를 갸우뚱했다.

"오호츠크해는 러시아 본토와 캄차카 반도에 둘러싸인

▲ 오호츠크해의 위치

▼ **오호츠크해** 우리나라 북동쪽에 있는 꽤 추운 바다야.

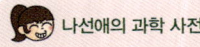

나선애의 과학 사전

빙하 눈이 오랫동안 쌓여 거대한 얼음덩어리로 변한 거야. 극지방이나 높은 산꼭대기처럼 추운 곳에서 볼 수 있어.

용선생의 과학 현미경

6~7월에 비가 많이 내리는 날씨를 장마라고 해. 오호츠크해 기단과 북태평양 기단이 만나서 커다란 구름들이 만들어지고, 이 구름들이 우리나라 지역에 오랫동안 머물면서 장마가 생겨.

꽤 추운 바다야. 그런데 봄이 되어 기온이 오르면 주위에 있던 빙하나 얼음이 녹아서 바닷물은 오히려 더 차가워지지. 이렇게 점점 차가워지는 바닷물 때문에 오호츠크해 기단의 차가운 성질이 강해지면서 초여름이 되면 우리나라로 이동해 온단다."

"그렇게 되는 거군요."

아이들이 고개를 끄덕였다.

"그런데 오호츠크해 기단은 다른 기단에 비해 그리 크지 않아. 게다가 초여름이면 우리나라는 북태평양 기단의 영향을 받기 시작하지. 그래서 오호츠크해 기단이 우리나라에 영향을 주는 기간은 짧아. 하지만 북태평양 기단과 만나서 많은 비를 내리는 장마를 일으킨단다. 장마는 다음에 좀 더 자세히 알아볼 기회가 있을 거야."

"장마를 일으킨다니…… 오호츠크해 기단이 우리나라에 영향을 주는 기간은 짧지만, 무시하면 안 되겠네요."

곽두기가 눈을 크게 뜨며 말했다.

"그렇지? 이제 1년 동안 우리나라에 영향을 주는 기단들을

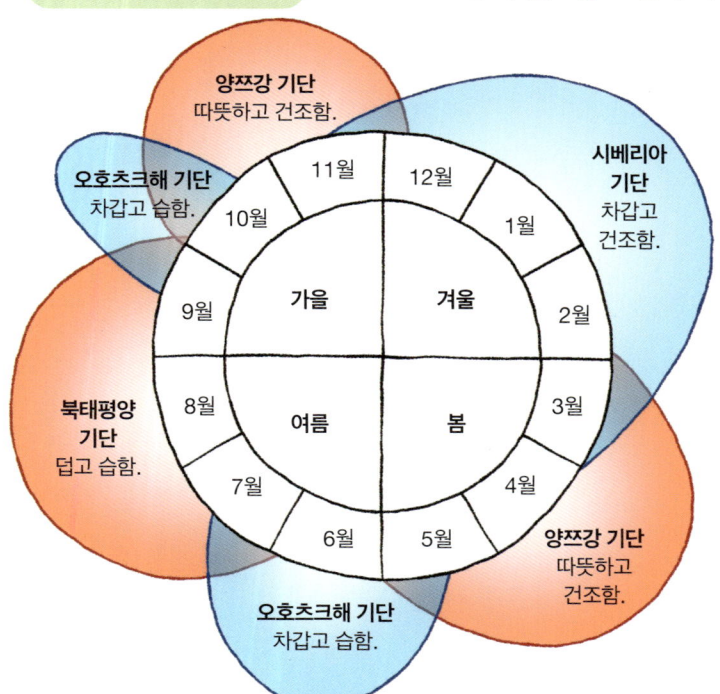

◀ **1년 동안 우리나라 날씨에 영향을 주는 기단들** 오호츠크해 기단은 초가을에도 우리나라에 잠깐 영향을 주지만, 다른 기단에 비해 그 효과가 미미해.

계절 순으로 정리해 볼까?"

"좋아요!"

"겨울부터 시작해 보자. 겨울에는 시베리아 기단, 봄에 양쯔강 기단, 초여름에 오호츠크해 기단, 여름에 북태평양 기단, 가을에 다시 양쯔강 기단이 우리나라로 이동해 와서 날씨에 영향을 준단다."

"그 후엔 다시 시베리아 기단이 오고요?"

나선애의 말에 용선생이 고개를 끄덕였다.

"맞아. 이런 식으로 계절에 따라 우리나라에 영향을 주는 기단들이 계속 바뀌어. 이런 일이 해마다 반복해서 일어나는 거야."

"헤헤, 기단들이 참 쉴 새 없이 바뀌네요."

장하다가 혀를 쏙 내밀며 말했다.

"그렇다면 우리도 쉴 새 없이 바쁘게 움직여 볼까? 오늘은 과학실 대청소다!"

"아잉, 선생님. 제발요!"

핵심정리

우리나라는 겨울에는 시베리아 기단, 봄과 가을에는 양쯔강 기단, 초여름에는 오호츠크해 기단, 여름에는 북태평양 기단의 영향을 받아.

나선애의 정리노트

1. 기단
① 기온과 ⓐ [　　　]가 거의 일정하고, 엄청나게 커다란 공기 덩어리
② 발생하는 까닭: 기온과 습도가 거의 일정한 넓은 지역에 공기 덩어리가 머물면서 그 지역의 성질과 비슷해져 생겨남.

2. 기단의 발생 장소와 성질

발생 장소	성질
대륙	ⓑ [　　].
해양	습함.
고위도	기온이 낮음.
ⓒ [　　]	기온이 높음.

3. 우리나라 주변 기단

기단	생기는 곳	성질	영향을 주는 계절
시베리아 기단	고위도 대륙	차갑고 건조함.	ⓓ [　　]
양쯔강 기단	저위도 대륙	따뜻하고 건조함.	봄, 가을
ⓔ [　　] 기단	고위도 해양	차갑고 습함.	초여름
북태평양 기단	저위도 해양	덥고 습함.	여름

ⓐ 습도 ⓑ 건조함 ⓒ 저위도 ⓓ 겨울 ⓔ 오호츠크해

과학퀴즈 달인을 찾아라!

● 정답은 119쪽에

01

친구들이 이번 시간에 배운 내용에 대해 이야기하고 있어. 옳으면 O, 옳지 않으면 X를 표시해 줘.

① 기단은 바람이 강한 곳에서 잘 생겨나. (   )
② 저위도에서 생겨난 기단은 습한 성질이 있어. (   )
③ 우리나라 초여름에는 오호츠크해 기단과 북태평양 기단이 만나 장마를 일으켜. (   )

02

우리나라 주변에 있는 기단 4개의 이름이 아래 네모 칸에 숨어 있어. 가로, 세로 혹은 대각선으로 연결해서 기단 이름을 모두 찾아봐.

시	소	나	양	오	열	두	시
라	오	호	츠	크	해	알	베
솔	파	수	곽	관	유	로	리
라	미	양	주	광	로	에	아
동	북	태	쯔	한	파	주	시
남	태	평	가	강	러	시	아
해	평	용	수	북	태	평	메
병	양	감	사	태	양	쯔	리

4교시 | 전선과 날씨

장마가 생기는 까닭은?

하늘에 구멍이라도 뚫렸나 봐.

뉴스를 보니 장마가 시작돼서 그렇대.

"으아, 비가 정말 많이 오네."

왕수재가 창밖을 보며 말했다.

"어제도 비, 오늘도 비. 요즘에 왜 이리 비가 많이 오는 거야!"

"그러게. 하늘은 흐리고 공기는 축축하고…… 기분이 별로야."

허영심이 투덜대자 나선애가 말했다.

"아침에 일기 예보를 보니 장마가 시작되어서 비가 많이 오는 거래."

"그렇구나. 근데 장마는 왜 생기는 거지?"

"하늘에 구멍이라도 뚫리나?"

옆에서 아이들의 대화를 듣던 용선생이 나섰다.

"장마가 왜 생기는지 궁금하니?"

"네!"

장마의 정체는?

"장마는 지난 시간에도 잠시 나왔었지?"

"네! 근데 정확히 어떤 건지는 모르겠어요."

"장마는 우리나라 여름철에 여러 날 계속해서 비가 내리는 날씨를 말해. 보통 한여름이 시작되기 전에 나타나지. 장마는 장마 전선이라는 게 만들어지면서 생겨."

"전선이요? 전기가 통하는 전선 말씀이세요?"

"하하, 그건 아니야. 간단한 실험을 하면서 전선이 무엇인지부터 알아보자."

용선생은 중간에 칸막이가 있는 커다란 사각 수조를 꺼냈다.

"칸막이가 있는 사각 수조의 한쪽에는 차가운 물을 넣고, 다른 한쪽에는 따뜻한 물을 넣어 두었어. 이제 중간 칸

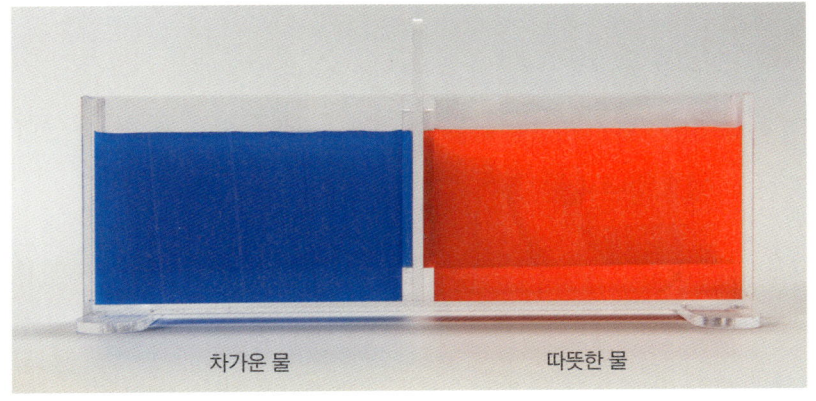

◀ **실험 장치** 차가운 물에는 파란색 색소를, 따뜻한 물에는 빨간색 색소를 탔어.

막이를 재빠르게 뺄 테니 어떤 일이 일어나는지 잘 관찰해 보렴."

아이들은 모두 침을 꼴깍 삼키며 집중했다.

"하나, 둘, 셋!"

용선생은 구령에 맞추어 칸막이를 재빠르게 뺐다.

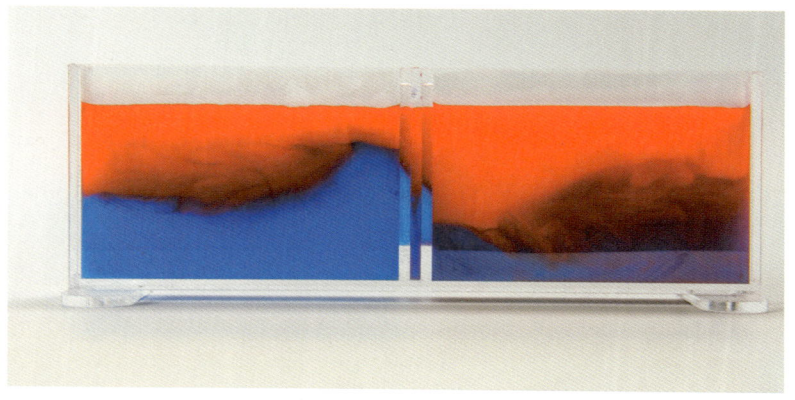

▲ 실험 결과

"앗! 차가운 물이 따뜻한 물 아래쪽으로 움직여요."

아이들은 저도 모르게 박수를 쳤다. 그때 왕수재가 손을 번쩍 들고 물었다.

"선생님, 날씨에 대해 알아보다가 왜 갑자기 물로 실험하는 거예요? 날씨는 공기랑 관련 있는 거 아니에요?"

"오호, 수재가 예리한 질문을 했는데? 공기와 물은 둘 다 흐르는 성질이 있어. 특히 움직일 때 나타나는 현상이 거의 같아. 그래서 눈에 안 보이는 공기 대신 물을 이용해 실험한 거야."

용선생은 왕수재가 고개를 끄덕이는 걸 확인하고는 설명을 계속했다.

"실험에서 확인한 것처럼 차가운 물은 따뜻한 물 아래쪽으로 이동해. 그런데 차가운 물과 따뜻한 물이 만나면 곧장 섞이지 않고 경계면을 이룬단다."

"그러게요. 차가운 물과 따뜻한 물이 아직도 나뉘어 있어요."

"그렇지? 차가운 공기와 따뜻한 공기가 만날 때에도 이런 경계면이 생겨."

"오호, 공기도 바로 섞이는 게 아니었군요."

"응. 공기 덩어리의 크기가 작으면 공기가 쉽게 섞이면서 경계면이 금방 사라져. 하지만 기단처럼 커다란 공기 덩어리끼리 만날 때 생긴 경계면은 금세 사라지지 않고 유지된단다. 이처럼 차가운 기단과 따뜻한 기단이 만나서 이루는 경계면을 '전선면'이라고 해."

"그럼 전선은 뭐예요?"

"전선면이 지표면과 만나는 선이 바로 전선이야. 이름은 전선이지만, 완전히 가느다란 선은 아니고

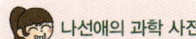

나선애의 과학 사전

경계면 성질이 서로 다른 두 물질이 만나서 이루어진 면을 말해.

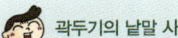

곽두기의 낱말 사전

유지 맬 유(維) 버틸 지(持). 어떤 상태나 상황이 변함없이 계속된다는 뜻이야.

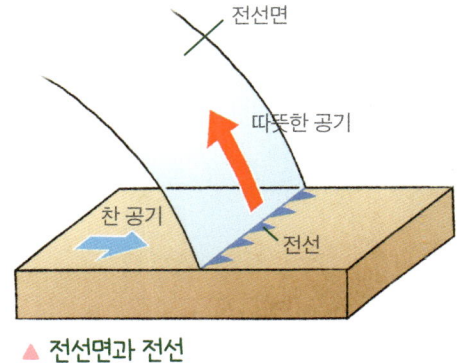

▲ 전선면과 전선

어느 정도 폭이 있는 영역이지."

"헤헤, 어쨌든 전기가 흐르는 전선은 아니군요."

장하다가 머리를 긁적이며 말했다.

"응. 전선은 원래 전투가 벌어지는 지역을 말해. 노르웨이의 과학자들이 처음으로 날씨에 전선이라는 말을 썼는데, 성질이 다른 두 기단이 만나서 마치 전투를 벌이는 것 같다고 해서 이런 이름을 붙였지."

"하하, 재밌네요. 전투를 벌이는 것 같아서 전선!"

"이제 장마 전선이 무엇인지 알아보자. 장마 전선은 전선의 한 종류로, 장마를 일으키는 전선이야. 우리나라 부근에서 장마 전선이 생길 때에도 두 기단이 만나. 어떤 기단인지 지난 시간에 얘기했는데 혹시 기억나니?"

용선생의 말에 나선애가 급히 노트를 뒤적였다.

"찾았어요! 오호츠크해 기단과 북태평양 기단이에요."

"맞아. 초여름 우리나라 부근에서는 북쪽에서 다가온 차갑고 습한 오호츠크해 기단과 남쪽에서 다가온 덥고 습한 북태평양 기단이 만나. 두 기단은 기온이 다르기 때문에 전선을 형성하지."

"그게 장마 전선인가요?"

"맞아. 장마 전선은 오호츠크해 기단이 강해지면 남쪽

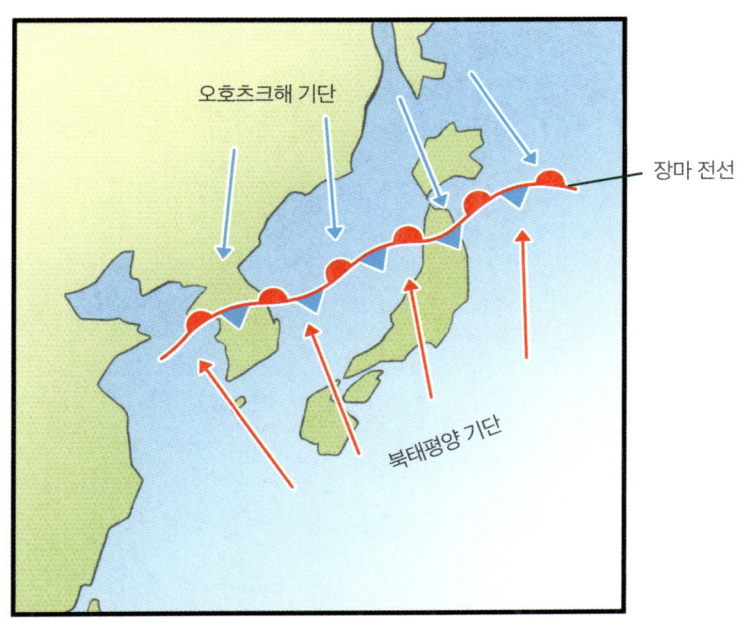

▲ **장마 전선** 북쪽에는 오호츠크해 기단이, 남쪽에는 북태평양 기단이 있어.

으로 내려가고, 북태평양 기단이 강해지면 북쪽으로 올라가. 마치 오호츠크해 기단과 북태평양 기단이 엇비슷하게 줄다리기를 하는 것처럼 말이야. 이런 식으로 장마 전선은 우리나라 부근에서 남북으로 오르내리면서 꽤 오랫동안 많은 비를 내려. 장마는 이렇게 생겨나."

"이야, 두 기단이 줄다리기하면서 장마가 생기는 거네요."

"그렇지. 장마 전선처럼 한 곳에 오래 머무는 전선을 통틀어 정체 전선이라고 한다는 것도 알아두렴."

 **핵심정리**

차가운 기단과 따뜻한 기단이 만나면 전선면이 생기고, 전선면이 지표면과 만나는 선을 전선이라고 해. 장마 전선은 오호츠크해 기단과 북태평양 기단이 만나서 생기고 장마를 일으켜.

 용선생의 과학 현미경

장마 기간은 보통 6월 하순부터 7월 하순까지야. 8월 하순과 9월 초순 경에 비가 많이 내리는 기간이 나타나기도 하는데, 이 기간은 가을장마라고 하지.

▲ **정체 전선 기호** 장마 전선도 정체 전선이라 이 기호를 사용하여 표시해.

또 다른 전선은?

"우리가 살펴본 장마 전선은 주로 장마 기간에만 나타나. 그런데 이보다 더 흔하게 생기는 전선이 있어."

"어떤 건데요?"

"바로 한랭 전선과 온난 전선이지."

"음……. 둘 다 처음 들어 봐요."

"좋아, 하나씩 알아보자. 먼저 한랭 전선부터!"

용선생은 그림을 한 장 띄웠다.

곽두기의 낱말 사전

한랭 추울 한(寒) 찰 랭(冷). 날씨가 춥고 차다는 뜻이야.

온난 따뜻할 온(溫) 따뜻할 난(暖). 날씨가 따뜻하다는 뜻이야.

"이건 한랭 전선의 모습을 나타낸 그림이야. 한랭 전선은 따뜻한 기단이 있는 지역에 차가운 기단이 다가올 때 생겨. 차가운 공기와 따뜻한 공기가 만나면 어떻게 되지? 방금 한 실험을 생각해 봐."

"아! 차가운 공기가 따뜻한 공기 아래로 가요."

"맞아. 차가운 공기는 따뜻한 공기보다 더 무겁고 빠르게 움직여. 따라서 차가운 공기가 따뜻한 공기의 아래쪽으로 빠르고 힘차게 파고들면서 가파른 전선면이 생겨. 따뜻한 공기는 이 전선면을 타고 위로 올라가지."

"그러면요?"

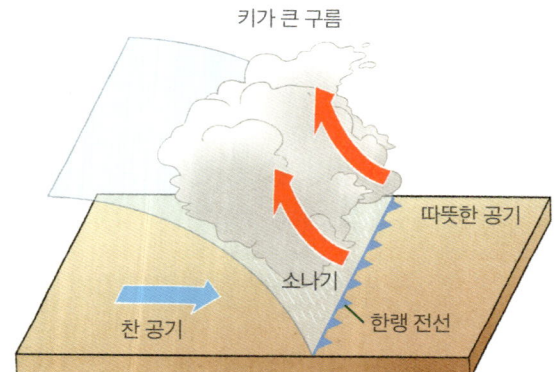

▲ 한랭 전선

▲ 한랭 전선 기호

허영심이 눈을 동그랗게 뜨며 물었다.

"이때 따뜻한 공기 속에 포함된 수증기가 가파른 전선면을 따라 올라가면서 좁은 영역에 키가 큰 구름이 만들어진단다. 이렇게 키 큰 구름에서는 소나기 같은 강한 비가 내리지."

"어? 아까 장마 전선도 그렇고, 한랭 전선도 그렇고, 전선이 생기면 비가 오네요."

"맞아, 관찰력이 아주 좋구나. 이번엔 온난 전선을 알아볼까?"

용선생은 그림을 바꾸었다.

"온난 전선은 한랭 전선과 반대 상황이야. 차가운 기단이 있는 지역에 따뜻한 기단이 다가오는 거지. 따뜻한 공기는 차가운 공기보다 가볍고 느려서 완만한 전선면이 생겨. 따뜻한 공기가 천천히 위로 올라가면서 역시 구름이 만들어져. 전선면에 생긴 구름의 모양이 어떤 것 같니?"

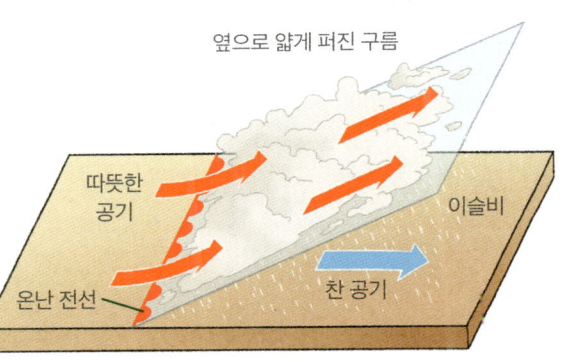
▲ 온난 전선

"음, 옆으로 얇게 퍼져 있어요."

"맞아. 전선면이 완만해서 옆으로 얇게 퍼진 구름이 생기지. 구름이 얇으니까 비도 많이 내리지 못하고, 매우 약

▲ 온난 전선 기호

하게 내리는 비인 이슬비가 주로 내려. 대신 구름이 옆으로 퍼져 있어서 넓은 지역에 비가 와."

"근데요, 두 전선 모두 차가운 기단과 따뜻한 기단이 만나는 것은 같은데 왜 이름이 달라요?"

나선애의 질문에 용선생이 박수를 치며 반겼다.

"그 질문을 기다렸지. 전선의 이름은 전선이 생길 때 접근해 온 기단의 이름을 붙이는 거란다. 차가운 기단이 다가와서 전선이 생기면 한랭 전선, 따뜻한 기단이 다가와서 생기면 온난 전선, 이런 식으로 말이야. 간단하지?"

"아하, 생각보다 간단하네요!"

 핵심정리

한랭 전선은 따뜻한 공기가 있는 지역에 차가운 공기가 다가오면서 생겨. 온난 전선은 반대로 차가운 공기가 있는 지역에 따뜻한 공기가 다가오면서 생기지.

 ## 전선이 지나가면 날씨는?

"선생님, 전선이 그렇게 중요한가요?"

장하다가 모자를 고쳐 쓰며 물었다.

"그럼. 전선은 성질이 다른 두 기단이 만나는 곳에 생기니까 전선을 경계로 날씨가 크게 달라져. 따라서 **전선의 위치**와 움직임을 보면 지금 날씨가 어떠한지, 또 앞으로 어떻게 달라질지 알 수 있어."

"정말요? 날씨가 어떻게 달라지는데요?"

"가장 알기 쉬운 기온과 **강수**를 예로 들어 볼게. 먼저 우리나라 쪽으로 한랭 전선이 다가온다고 생각해 보자. 한랭 전선은 따뜻한 기단이 있는 지역에 차가운 기단이 다가와 생긴다고 했지? 그럼 한랭 전선이 오기 전 우리나라에는 어떤 기단이 머물고 있을까?"

"따뜻한 기단이요!"

"맞아. 따뜻한 기단이 머물고 있었으니 기온이 높았겠지? 그러다가 한랭 전선이 지나고 나면 기온이 낮아질 거야. 또 한랭 전선에서는 좁은 영역에 키가 큰 구름이 생긴

 용선생의 과학 현미경

전선의 위치는 일기도에 표시되어 있어. 일기도는 같은 시각에 여러 곳에서 날씨를 나타내는 값들을 재어 지도에 표시한 거야.

 나선애의 과학 사전

강수 내릴 강(降) 물 수(水). 비나 눈 등으로 땅에 내린 물을 통틀어 이르는 말이야.

▲ 한랭 전선의 이동에 따른 날씨 변화

다고 했어. 따라서 한랭 전선이 지나면 좁은 지역에 소나기 같은 강한 비가 내린다는 걸 알 수 있지."

"오호, 그렇군요. 그럼 반대로 온난 전선이 다가오면 기온이 낮았다가 높아지겠네요."

"맞았어. 온난 전선에는 어떤 구름이 생긴다고 했지?"

"옆으로 얇게 펴진 구름이요."

"그렇지. 온난 전선은 구름이 생기는 영역도 넓어. 따라서 전선이 다가올수록 넓은 지역에 걸쳐 이슬비가 내리고, 전선이 지나가면 날씨가 개면서 따뜻해진다는 걸 알 수 있지. 어때, 전선을 알아 두면 꽤 쓸모 있겠지?"

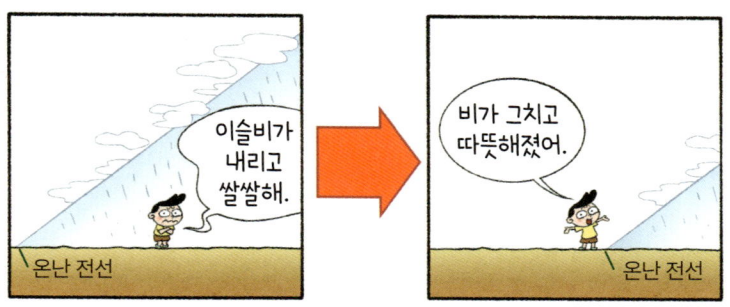

▲ 온난 전선의 이동에 따른 날씨 변화

"네. 전선만 잘 살펴봐도 기온이 어떻게 변할지, 비가 어떻게 내릴지 어느 정도는 미리 알 수 있겠네요."

"그런데 우리나라 부근에서 한랭 전선과 온난 전선은 함께 생긴단다. 두 전선의 한쪽 끝이 맞닿아 있고 동쪽에는 온난 전선이, 서쪽에는 한랭 전선이 있는 모양이지."

"오호, 그렇군요."

아이들이 신기해하고 있는데 장하다가 불쑥 말했다.

"그나저나 지루한 장마가 빨리 끝나면 좋겠어요."

"장마가 지겨운 모양이구나. 그렇게 재

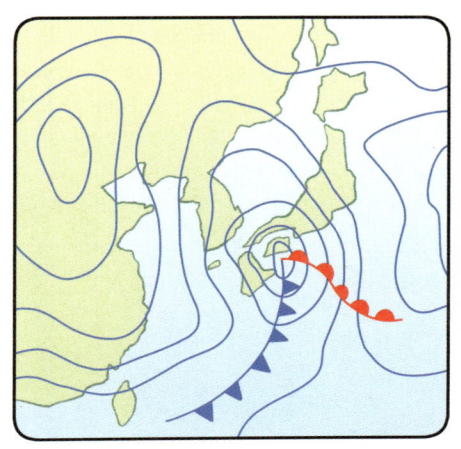
▲ 우리나라 부근의 온난 전선과 한랭 전선

촉하지 않아도 장마가 물러가고 무더운 여름이 올 거야."

"재촉하지 않아도 과학 수업이 끝나고 집에 가는 시간이 다가오는 것처럼요?"

"하하, 맞아. 오늘 수업은 여기까지!"

 **핵심정리**

전선이 지나가면 기온이나 강수 등의 날씨가 변해. 이것을 이용하면 날씨를 어느 정도는 미리 알 수 있어.

# 나선애의 정리노트

1. 전선면과 전선
① 전선면: 따뜻한 기단과 차가운 기단이 만나서 이루는 경계면
② 전선: 전선면이 ⓐ [   ]과 만나는 선
③ 장마 전선
- 장마를 일으키는 전선
- 오호츠크해 기단과 ⓑ [   ] 기단이 만나서 생김.
- 우리나라 부근에서 남북으로 오르내리며 오랫동안 많은 비를 내림.

2. 한랭 전선과 온난 전선
① 한랭 전선: 따뜻한 기단이 있는 지역에 차가운 기단이 다가올 때 생김.
② 온난 전선: 차가운 기단이 있는 지역에 따뜻한 기단이 다가올 때 생김.
③ 비교

구분	한랭 전선	온난 전선
전선면 모양	가파름.	완만함.
구름 모양	좁고 키가 큼.	옆으로 얇게 퍼짐.
비가 내리는 범위	좁음.	넓음.
비의 종류	ⓒ	ⓓ
통과 후 기온 변화	추워짐.	따뜻해짐.

ⓐ 지표면 ⓑ 북태평양 ⓒ 소나기 ⓓ 이슬비

과학퀴즈 달인을 찾아라!

●정답은 119쪽에

01

친구들이 이번 시간에 배운 내용에 대해 이야기하고 있어. 옳으면 O, 옳지 않으면 X를 표시해 줘.

① 따뜻한 공기와 차가운 공기가 만나면, 따뜻한 공기가 위로 올라가. (　　)

② 한랭 전선은 차가운 기단 두 개가 만나서 생겨나. (　　)

③ 온난 전선이 지나가면 따뜻해져. (　　)

02

왕수재가 곽두기를 만나러 가고 있어. 한랭 전선의 특징으로 옳은 것을 따라가면 쉽게 만날 수 있대. 함께 길을 찾아보자.

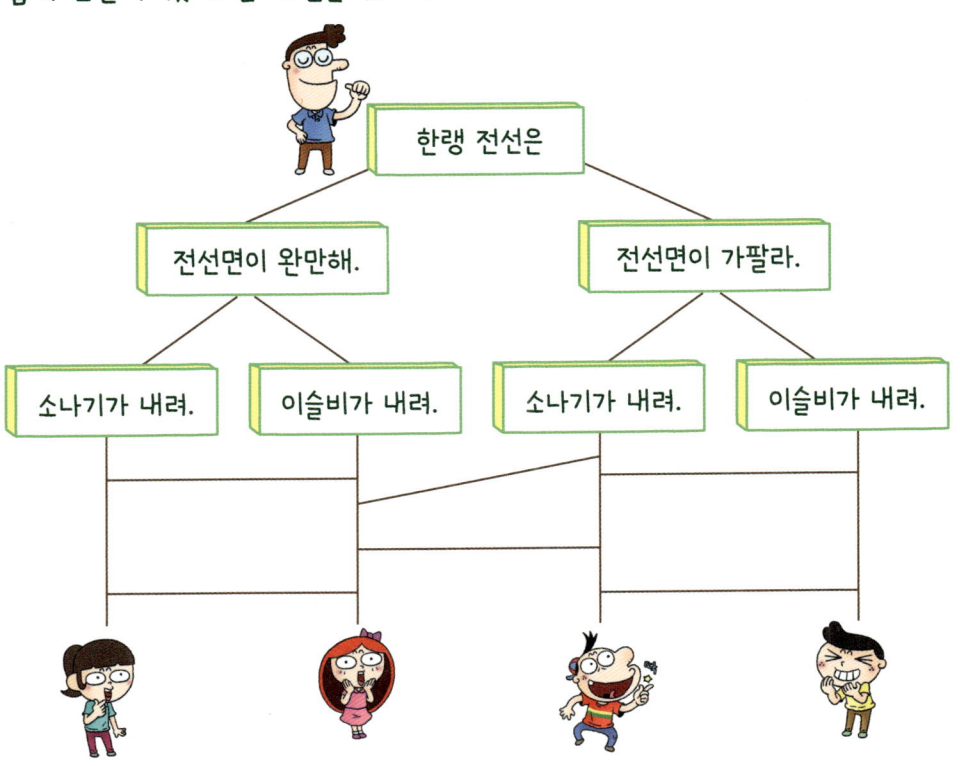

5교시 | 기압과 날씨

내일 날씨는 어떨까?

월 7	화 8	수 9	목 10	금

8°/2°	5°/0°	2°/-3°	5°/-2°	7°/2°

일기예보야. 내일은 날씨가 맑아진대!

신난다! 놀이터에서 놀아야지!

교과연계
- 초 5-2 날씨와 우리 생활
- 중 3 기권과 날씨

어떻게 날씨를 미리 알 수 있죠?

날씨를 알아내는 방법이 궁금하니?

1. 계절과 기온
2. 계절의 변화
3. 계절별 기단
4. 전선과 날씨
5. 기압과 날씨
6. 태풍

"드디어 내일 현장 학습 가는 날이다!"

곽두기가 과학실로 들어서며 크게 외쳤다.

"두기가 현장 학습 간다고 신났구나. 좋겠다!"

허영심의 말에 곽두기가 고개를 세차게 끄덕이며 말했다.

"응. 그런데 걱정되는 것도 있어."

"뭔데?"

"내일 비가 와서 현장 학습이 취소되면 어쩌지?"

그때 왕수재가 나섰다.

"걱정 마. 아침에 뉴스를 봤는데, 내일 비는 안 온대."

"정말? 휴…… 다행이다. 근데 내일 날씨는 어떻게 알아내는 걸까?"

"뭘 그리 골똘히 생각하고 있니?"

용선생이 과학실로 성큼성큼 들어서며 물었다.

 일기 예보를 하려면

"선생님, 오늘은 일기 예보에 대해 알아봐요."

"오호, 웬일로 그런 거에 관심을 다 가졌어?"

"두기가 내일 날씨를 어떻게 알아내는지 궁금하대요. 물론 저도 궁금하고요."

"하하, 좋았어. 일기 예보는 날씨의 변화를 예측하여 알리는 일이야. 일기 예보를 하려면 현재의 날씨부터 알아야 한단다. 그러기 위해 필요한 게 이거야."

용선생은 화면 가득 그림을 한 장 띄웠다.

 곽두기의 낱말 사전

일기 날 일(日) 날씨 기(氣). 그날그날의 날씨를 말해.

예보 미리 예(豫) 알릴 보(報). 앞으로 일어날 일을 미리 알린다는 뜻이야.

예측 미리 예(豫) 헤아릴 측(測). 미리 헤아려 짐작한다는 뜻이야.

▼ 일기도

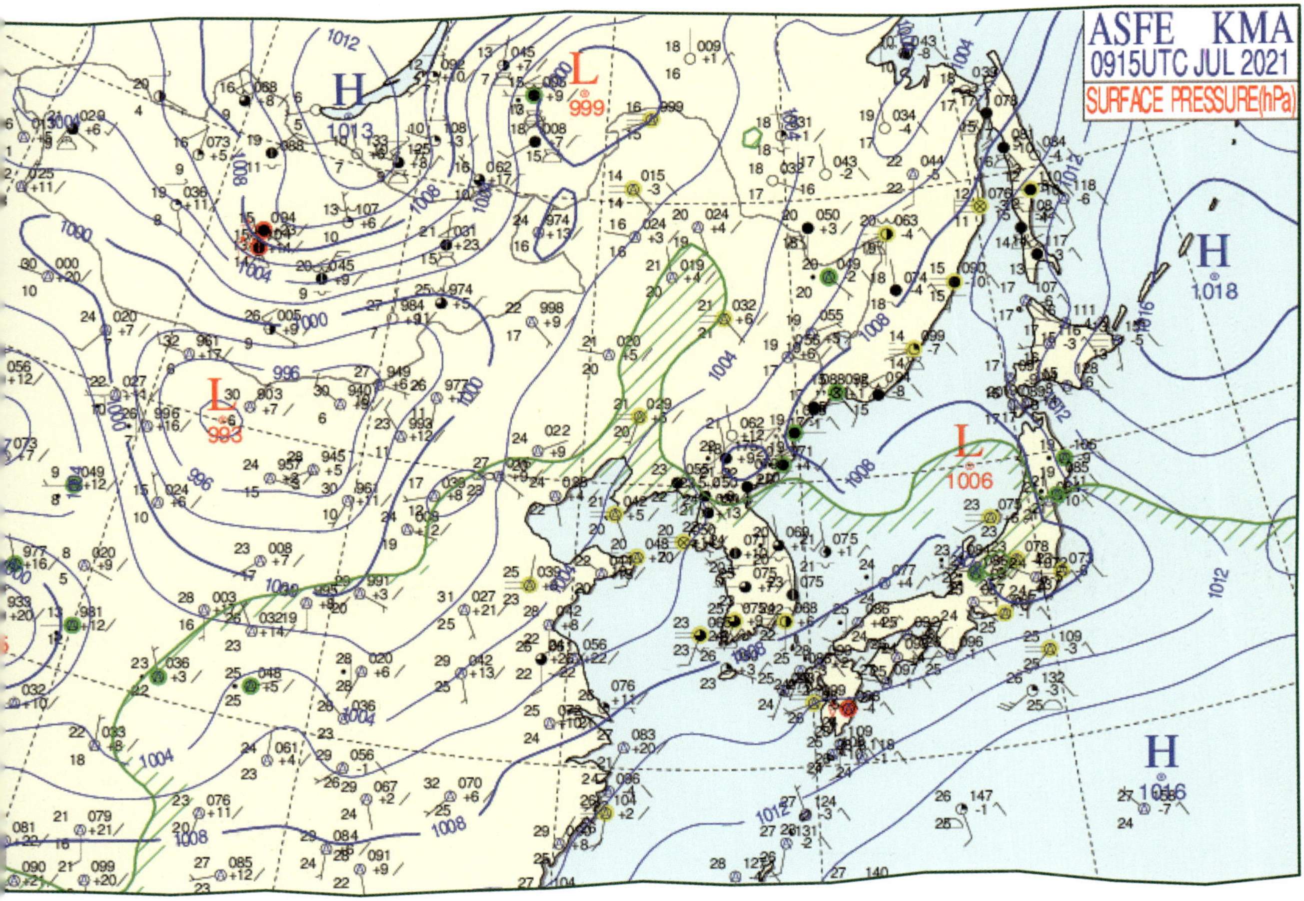

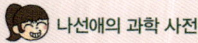

나선애의 과학 사전

측정 잴 측(測) 정할 정(定). 길이나 무게 등을 잰다는 뜻이야.

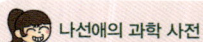

나선애의 과학 사전

등압선 같을 등(等) 누를 압(壓) 줄 선(線). 일기도에서 기압이 같은 곳을 연결하여 기압의 높낮이를 나타낸 선을 말해.

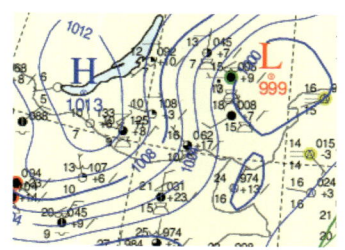

▲ 하나의 선으로 연결된 곳은 기압이 같은 곳이야.

"어! 지도네요."

"응. 바로 일기도라는 거야. 일기도는 같은 시각에 여러 곳에서 날씨를 나타내는 값들을 측정해 지도에 표시한 거야."

"날씨를 나타내는 값이요?"

"기온, 바람, 습도, 구름의 양, 강수 등이지. 우리나라 전국에 이러한 값들을 측정하는 곳이 600곳이 넘는단다."

"우아, 엄청 많네요."

아이들이 감탄하는데, 허영심이 손을 들고 물었다.

"근데요, 일기도에 저 구불구불한 선들은 대체 뭐예요? 엄청 복잡해 보여요."

"그 선들은 등압선이라고 해. 기압이 같은 곳을 이어 놓은 선이지."

"기압이 뭔데요?"

"기압의 '기'는 공기라는 뜻이고, '압'은 압력이라는 뜻이야. 압력은 물체를 누르는 힘을 말해. 따라서 기압은 공기가 물체를 누르는 힘이지."

"손으로 만져지지도 않는 공기가 물체를 누른다고요?"

"하하, 압력이 생기는 까닭부터 알아보자. 상자 위에 벽돌을 올려두면, 벽돌은 무게가 있으니 자연히 상자를 누르겠지? 벽돌이 상자를 누르는 힘이 바로 압력이야. 이처럼

"압력은 물체의 무게 때문에 생긴단다. 공기도 무게가 있어서 물체를 눌러."

"공기도 무게가 있는 줄은 처음 알았네요. 그런데 기압은 어떻게 재요?"

"간단해. 기압은 기압계로 잴 수 있어."

"온도를 잴 땐 온도계, 기압을 잴 땐 기압계군요."

▲ **공기의 무게 확인** 공기도 무게가 있어서 공기가 담긴 풍선 쪽으로 양팔저울이 기울어.

▲ **기압계** 바늘이 가리키는 눈금을 읽어 기압을 알 수 있어.

"하하, 맞아. 공기는 끊임없이 움직이고 있어서 기압도 계속 달라져. 여러 장소에서 기압을 동시에 측정해서 일기도에 표시하고, 기압이 같은 곳을 이으면 등압선을 그릴 수 있어."

 **핵심정리**

같은 시각에 여러 곳에서 날씨를 나타내는 값들을 측정해 지도에 표시한 것을 일기도라고 해. 일기도에서 기압이 같은 곳을 이어 등압선을 그릴 수 있어.

 ## 고기압과 저기압에서 날씨는?

"그런데 일기도에 왜 하필이면 등압선을 그려요? 기압이 그렇게 중요한가요?"

"응. 등압선을 그리면 주위보다 기압이 높은 곳과 낮은 곳을 찾을 수 있어. 주위보다 높은 기압을 고기압, 주위보다 낮은 기압을 저기압이라고 해. 어떤 곳이 고기압인지 저기압인지를 알면 그곳의 날씨를 파악할 수 있어."

"그래요? 어떻게요?"

"먼저 이 그림을 볼래?"

용선생은 새로운 그림을 띄우고는 설명을 시작했다.

"저기압은 지표면의 온도가 높을 때 생겨. 온도가 높은 지표면 위의 공기는 따뜻해지는데, 주위보다 따뜻한 공기는 상승하는 성질이 있어. 공기가 상승하면 지표면 부근에 공기가 적어지겠지? 그럼 공기의 무게가 줄어들면서 주위보다 기압이 낮아져. 즉, 저기압이 되는 거야."

"오호, 온도가 높은 곳에 저기압이 생기는군요."

"그렇지. 반대로 고기압은 온도가 낮은 지표면에서 생겨. 이곳의 공기는 주변보다 차갑고, 차가운 공기는 하강하는 성질이 있지. 공기가 하강하면 지표면 부근에 공기가 늘어

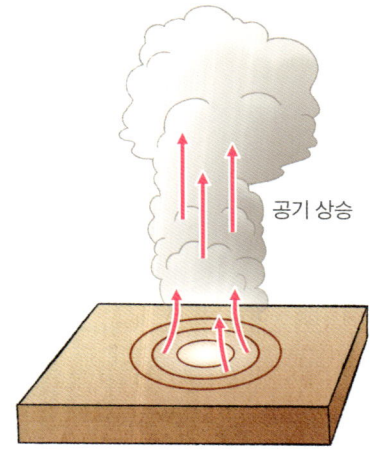

▲ 저기압

> **곽두기의 낱말 사전**
>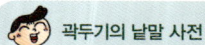
> 상승 위 상(上) 오를 승(昇). 낮은 데서 위로 올라간다는 뜻이야.

> **곽두기의 낱말 사전**
>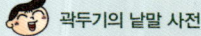
> 하강 아래 하(下) 내릴 강(降). 높은 데서 아래로 내려온다는 뜻이야.

나면서 주위보다 기압이 높은 고기압이 돼."

"저기압에서는 공기가 상승하고 고기압에서는 공기가 하강한다고 생각하면 되겠네요."

"맞았어."

"그 다음에는 어떻게 되는데요?"

"저기압에서 공기가 상승하면 그 속에 있는 수증기도 함께 상승해. 수증기는 위로 올라가면서 온도가 낮아져 아주 작은 물방울이나 얼음 알갱이가 되지. 이렇게 아주 작은 물방울이나 얼음 알갱이가 모여서 공기 중에 떠 있는 게 바로 구름이야."

"그게 구름이군요! 그렇다면 저기압 위쪽에는 구름이 생기는 건가요?"

"맞아. 구름이 끼면 날씨가 흐리고 비나 눈이 오기도 하지? 따라서 일기도에서 저기압이 있는 지역은 날씨가 흐리고, 비나 눈이 내리기 쉽지."

"우아, 신기해요. 그러면 고기압에서는요?"

"고기압에서는 공기가 하강하니까 구름이 생기지 않아. 따라서 대체로 맑은 날씨가 나타나."

"이야! 이제 일기도에서 고기압과 저기압만 찾으면 그곳의 날씨가 흐릴지 맑을지 정도는 알 수 있겠어요."

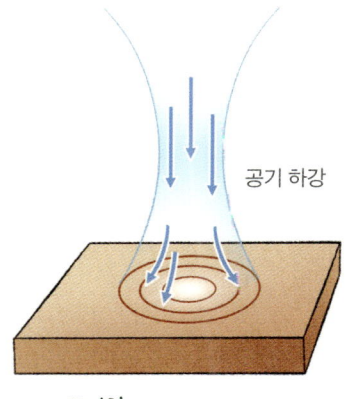

▲ 고기압

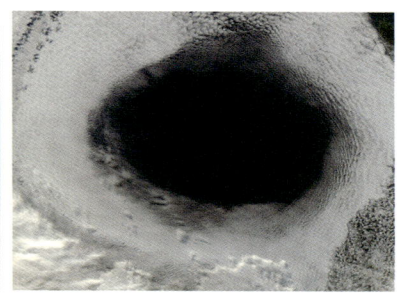

▲ 저기압 위성 사진 구름이 잔뜩 껴 있어. ▲ 고기압 위성 사진 구름이 없어.

"하하, 맞아. 그리고 일기도에서 고기압과 저기압을 찾으면 알 수 있는 게 또 있지."

"뭔데요?"

핵심정리

저기압에서는 공기가 상승해 구름이 생겨. 따라서 날씨가 흐리고 비나 눈이 내리기도 해. 고기압에서는 공기가 하강해서 구름이 생기지 않고 대체로 맑은 날씨가 나타나.

고기압에서 저기압으로 흐르는 것은?

"일기도에서 고기압과 저기압을 보고 바람이 어떻게 부는지 알 수 있어."

"바람이요? 바람은 공기가 움직이는 거잖아요."

"응. 바람은 보통 공기가 수평 방향으로 움직이는 걸 말해. 바람은 늘 고기압에서 저기압으로 분단다."

"그건 왜 그래요?"

"좀 전에 알아봤듯이 고기압인 곳에는 공기가 하강해서 지표면 부근에 공기가 늘어나. 반대로 저기압인 곳에서는 공기가 상승하여 지표면 부근에 공기가 줄어. 따라서 저기압 쪽에 줄어든 공기를 메우기 위해 고기압에서 저기압으로 공기가 이동해. 이게 바로 바람이야."

"바람이 그렇게 생기는군요."

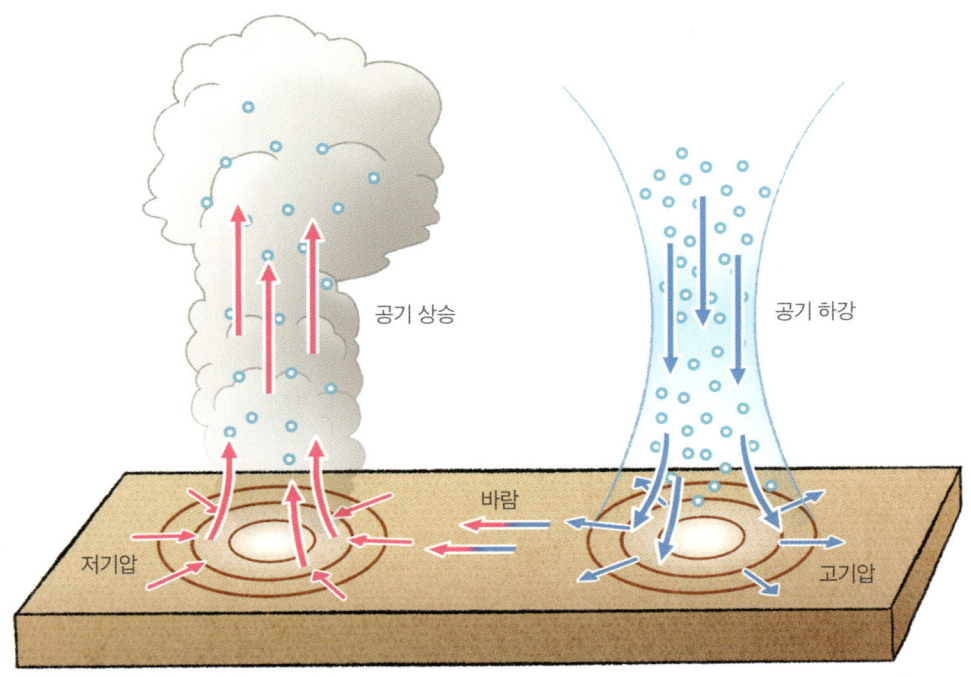

▲ 저기압과 고기압에서 바람의 방향

"바람은 이런 식으로 두 지역에 기압 차가 있을 때, 늘 고기압에서 저기압으로 분단다."

"아하, 그럼 일기도에서 고기압과 저기압을 찾으면 바람이 어느 방향으로 부는지 알 수 있겠네요!"

"바로 그거야! 그리고 등압선을 보면 바람이 얼마나 세게 부는지도 짐작할 수 있어."

"어떻게요?"

"먼저 이것부터 알아 둬. 바람의 세기는 두 지역의 기압 차가 얼마나 나는지와 관계있어. 두 지역의 기압 차가 클수록 고기압에서 저기압으로 공기가 더 많이, 더 빠르게 움직인단다. 그러니까 바람이 더 세게 불지."

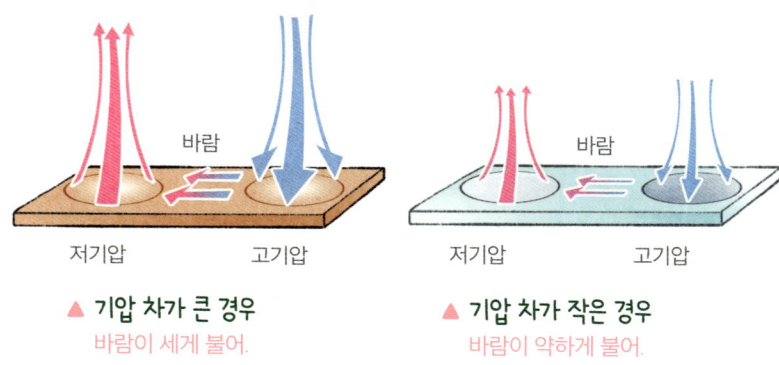

▲ **기압 차가 큰 경우**
바람이 세게 불어.

▲ **기압 차가 작은 경우**
바람이 약하게 불어.

"그런데 그걸 등압선을 보고 어떻게 알아요?"

"등압선 간격이 좁을수록 기압이 빠르게 변한다는 뜻이

용선생의 과학 현미경

등압선 간격의 의미는?

등압선을 보는 방법은 등고선을 보는 방법과 같아. 등고선은 지도에서 높이가 같은 곳을 연결하여 땅의 높낮이를 나타내. 등고선 간격이 좁으면 높이가 빠르게 변하고, 등고선 간격이 넓으면 높이가 천천히 변한다는 뜻이지.

이와 마찬가지로, 등압선 간격이 좁으면 기압이 빠르게 변하고, 등압선 간격이 넓으면 기압이 천천히 변한다는 뜻이지.

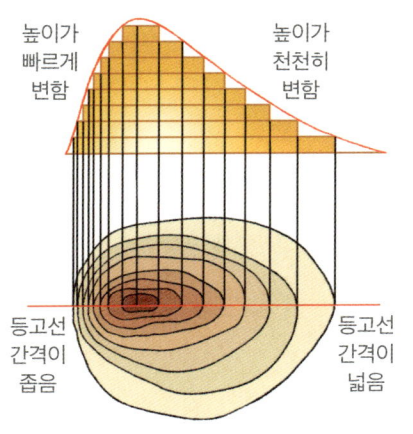

거든. 그러니까 두 지역 사이의 등압선이 촘촘할수록 기압 차가 크지. 따라서 등압선이 촘촘한 곳은 그렇지 않은 곳보다 바람이 세게 분다는 걸 알 수 있어."

"우아, 일기도에서 등압선을 보면 많은 것을 알 수 있네요. 일기도에 등압선을 표시하는 이유가 있군요."

"그렇지? 이렇듯 일기도를 보면 현재의 날씨가 어떠한지 대략 알아낼 수 있단다."

"그런데 앞으로의 날씨는 어떻게 알아내요? 그걸 알아야 일기 예보를 하죠."

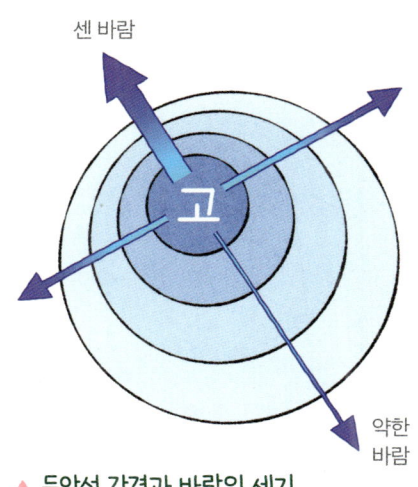

▲ 등압선 간격과 바람의 세기

"그걸 알기 위해 먼저 알아야 할 게 있어. 우리나라 주변의 공기는 서쪽에서 동쪽으로 움직이고 있다는 사실이야."

"오호, 그러면 서쪽에 있는 공기가 우리나라로 흘러오겠네요."

"맞아. 따라서 일기도에서 우리나라의 서쪽을 보면 우리나라에 저기압이 다가올지, 고기압이 다가올지 미리 알 수 있지. 그러면 날씨가 어떻게 바뀔지 어느 정도 예상할 수 있겠지?"

"오호, 그런 거군요."

용선생은 웃으며 설명을 계속했다.

"일기도에는 지난번에 알아본 전선도 함께 표시되어 있어. 전선이 이동하면서 날씨가 어떻게 변하는지도 알아봤었지? 기압과 전선을 함께 보면 날씨가 어떻게 변할지 더 많이 알 수 있어."

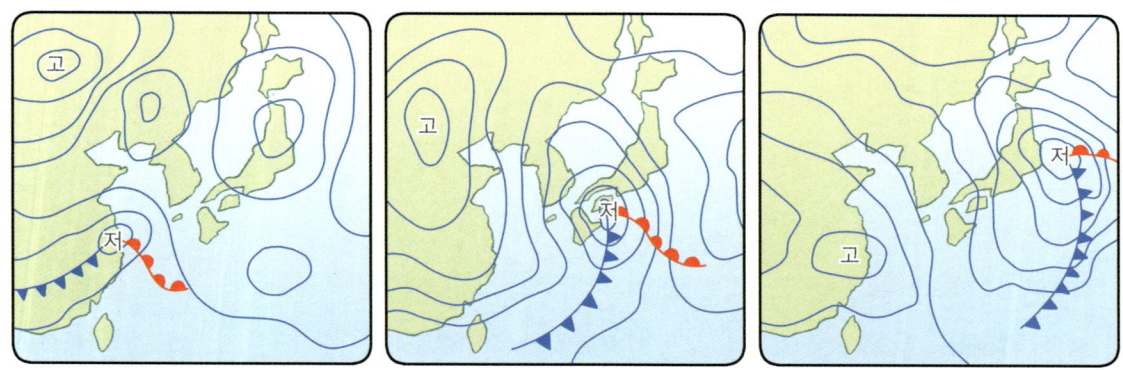

▲ **우리나라 주변에서 기압과 전선의 이동** 서쪽에서 동쪽으로 이동하고 있어. '고'는 고기압, '저'는 저기압을 나타내.

"이야, 벌써 일기 예보하는 과학자가 된 것 같아요."

아이들은 신기하면서도 재밌다는 표정을 지었다.

"하하. 이제 일기도를 보고 날씨를 예상하는 방법을 어느 정도는 알겠지? 그런데 우리는 아주 기초적인 걸 알아본 것뿐이야. 날씨가 전선이나 기압에 따라서만 결정되는 건 아니고, 전선과 기압의 모양이나 크기가 계속 바뀌기 때문에 실제 일기 예보 과정은 훨씬 더 복잡해."

아이들이 고개를 끄덕였다.

"하지만 전선과 기압의 위치를 보고 대략적인 날씨는 예상해 볼 수 있어. 인터넷에서 일기도를 찾아볼 수 있으니, 지금까지 배운 걸 활용해서 스스로 날씨를 예상해 봐. 너희가 예상한 날씨와 기상청 과학자들이 예상한 날씨를 비교해 보는 것도 아주 재미있을 거야."

"앞으로는 일기 예보를 보기 전에 인터넷에서 일기도를 먼저 찾아볼래요."

"아주 좋은 자세야!"

핵심정리

바람은 고기압에서 저기압으로 불어. 또 등압선의 간격이 좁을수록 바람이 세게 불어. 일기도에서 고기압, 저기압, 전선의 위치를 보면 날씨를 대략적으로 예상할 수 있어.

나선애의 정리노트

1. 일기 예보와 일기도
① 일기 예보: 날씨의 변화를 예측하여 알리는 일
② ⓐ _____ : 같은 시각에 여러 곳에서 공기의 상태를 나타내는 값들을 측정하여 지도에 표시한 것
③ 등압선: ⓑ _____ 이 같은 곳을 이어놓은 선
- 일기도에 표시된 등압선을 보면 고기압과 저기압을 찾을 수 있음.
- 고기압: 주위보다 높은 기압
- 저기압: 주위보다 낮은 기압

2. 기압과 날씨
① 저기압: 공기가 ⓒ _____ 해 구름이 생김.
→ 날씨가 흐리고 비나 눈이 내림.
② 고기압: 공기가 ⓓ _____ 함.
→ 날씨가 대체로 맑음.

3. 기압과 바람
① 바람의 방향: 고기압에서 저기압
② 바람의 세기: 두 지역의 ⓔ _____ 차가 클수록 셈.
- 등압선이 촘촘한 곳은 그렇지 않은 곳보다 바람이 세게 붊.

ⓐ 일기도 ⓑ 기압 ⓒ 상승 ⓓ 하강 ⓔ 기압

과학퀴즈 달인을 찾아라!

●정답은 119쪽에

01

친구들이 이번 시간에 배운 내용에 대해 이야기하고 있어. 옳으면 O, 옳지 않으면 X를 표시해 줘.

① 일기도에는 기압만 표시되어 있어. (   )
② 등압선은 기압이 같은 곳을 이어놓은 선이야. (   )
③ 고기압에서는 공기가 하강하므로 구름이 많이 생겨. (   )

02

친구들이 고기압과 저기압의 특징이 적힌 푯말을 들고 있어. 고기압의 특징엔 '고', 저기압의 특징엔 '저'라고 적어 줘.

| | 용선생의 과학 카페 | 용선생의 한국사 카페 | 용선생의 세계사 카페 | ＋ |

 https://cafe.naver.com/yongyong

용선생의 과학 카페

과학계의 핵인싸,
용선생의 과학 카페에
오신 걸 환영합니다.

Log in

MENU

물리면 아프다
화학이 화하하
생물 오징어
지구는 둥글다

날씨는 어떻게 관측할까?

앞으로의 날씨를 알아내기 위해서는 먼저 현재의 날씨를 잘 알아야 해. 또 지구의 공기는 지구 전체를 돌고 있기 때문에 우리나라의 날씨를 알아내려면 주변 지역의 날씨도 알아야 하지. 이를 위해 전 세계 기상 관측소에서는 매일 정해진 시각에 날씨를 나타내는 값들을 파악해서 다른 나라와 공유한단다. 날씨를 나타내는 값인 기온, 습도, 기압, 바람의 방향과 빠르기 등을 관측하는 장비를 살펴보자.

백엽상은 온도계와 습도계가 들어 있는 하얀색 나무 상자야. 뜨거운 햇빛이나 눈, 비 같은 바깥 상황과 관계없이 늘 같은 조건으로 기온과 습도를 관측하기 위해 만들었지. 옛날에는 학교마다 하나씩 설치가 되어 있을 정도로 많이 사용했고 기상청에서도 사용했어. 하지만 요즘에는 자동 기상 관측 장비가 발달하여 거의 사용하지 않아.

▲ 백엽상

자동 기상 관측 장비는 사람이 일일이 온도계나 습도계 등을 읽지 않아도 저절로 알 수 있게끔 자동화한 관측 장비야. 기온, 기압, 습도, 바람의 방향과 빠르기 등을 측정할 수 있는 장치들이 한곳에 설치되어 있어. 컴퓨터와 통신 장치도 있어서 관측한 값을 자동으로 처리하고 기상청으로 보내.

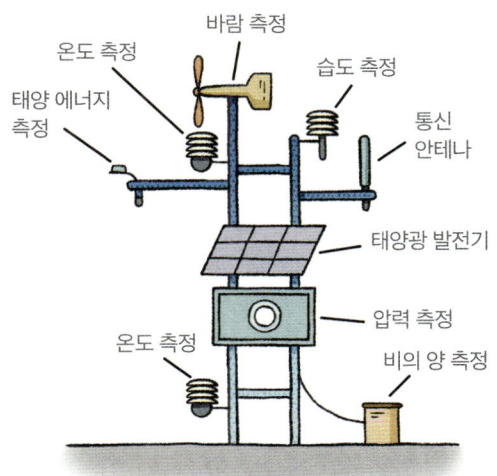

▲ **자동 기상 관측 장비** 기온, 바람, 습도 등을 1분 간격으로 측정해. 전국에 500개 이상 설치되어 있어.

▲ 기상 레이더

▲ 기상 위성

이밖에도 기상 레이더는 전파를 이용해 구름의 위치와 크기 등을 관측할 수 있어. 또 우주에서 지구를 바라보며 관측하는 기상 위성도 많이 사용하지. 이렇게 여러 관측 장비에서 모은 자료를 이용해 일기 예보를 한단다.

장하다의 오답을 피하는 방법
나선애의 야무진 실험실
왕수재의 아는 척 과학교실
허영심의 별 헤는 밤
곽두기의 빅뱅 따라잡기

COMMENTS

- 백엽상은 흰색이라 '흰 백(白)'자를 쓰는 거겠지?
- 아니. '일백 백(百)'자 란다. 백엽상에 사용된 나무 조각이 백 개 정도거든.
- 정말 새로운 사실이네요.
- 놀랍다, 놀라와!

6교시 | 태풍

적도에서 찾아온 손님은?

엄청난 비바람이야!

날아갈 거 같아!

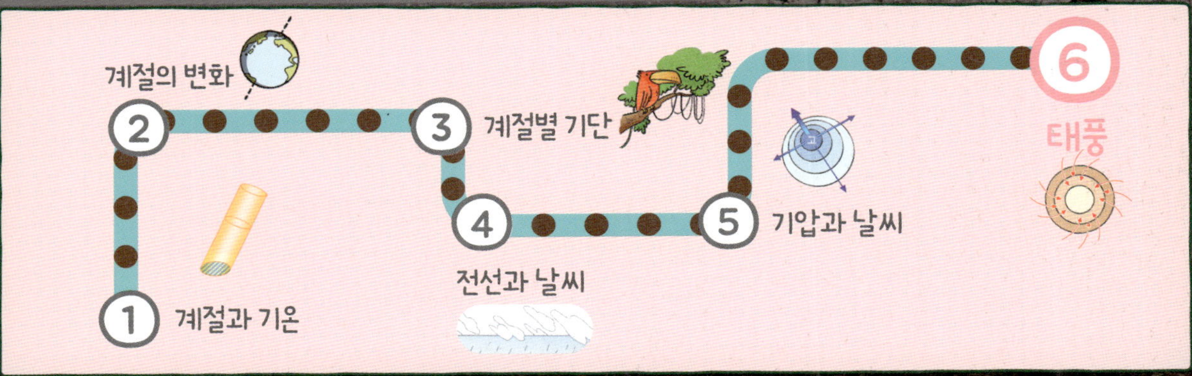

"선생님, 제가 놀라운 동영상을 하나 발견했어요."

"무슨 동영상인데?"

나선애가 스마트폰을 내밀며 말했다.

"이것 보세요. 엄청 강한 태풍이 와서 나무들이 뽑혀 날아가는 영상이에요."

"비도 엄청 오나 봐요. 홍수가 나서 집도 다 잠기고 자동차랑 동물들도 둥둥 떠내려가요."

아이들이 안타까운 표정으로 동영상을 보며 웅성거렸다. 나선애가 고개를 들고 물었다.

"근데요, 선생님. 태풍이 오면 왜 이리 바람도 세게 불고 비도 많이 내리는 거예요?"

"좋은 질문이야! 오늘은 태풍을 샅샅이 파헤쳐 볼까? 헴헴!"

용선생은 힘차게 목을 풀고 수업을 시작했다.

태풍의 정체를 밝혀라!

"태풍에 대해 정확히 알려면 태풍이 어디서 어떻게 생기는지부터 아는 게 좋아. 다들 준비됐지?"

아이들이 "네!" 하고 크게 외쳤다.

"태풍은 적도 부근 바다에서 생겨. 이곳은 1년 내내 태양 에너지를 많이 받아서 바닷물 온도가 높아. 따라서 바닷물이 많이 증발하고 공기 중에 수증기가 아주 많지. 또 따뜻한 바닷물에 데워진 공기가 상승하면서 저기압이 형성돼. 여기까지 이해됐니?"

"네, 그래서요?"

"수증기가 많은데 공기까지 상승하니 아주 커다란 비구름이 생겨. 일반 비구름과는 비교도 할 수 없을 만큼 아주 커다란 비구름이지."

설명을 듣던 왕수재가 끼어들었다.

"얼마나 크길래요?"

"지름이 200km를 넘어. 이 정도 크기만 돼도 우리나라의 절반 정도를 덮을 수 있어."

"엄청나네요. 이렇게 생겨난 비구름이 태풍인가요?"

"꼭 그런 건 아니야. 적도 부근에 커다란 비구름이 생긴

나선애의 과학 사전

증발 물과 공기가 만나는 부분에서 액체인 물이 기체인 수증기로 변하는 현상이야. 빨래가 마르거나 젖었던 땅이 마르는 게 바로 증발 때문이야.

장하다의 상식 사전

지름 원이나 구에서 중심을 지나며 둘레 위의 두 점을 잇는 직선의 길이를 말해. 주로 둥근 물체의 크기를 잴 때 지름의 길이를 측정해.

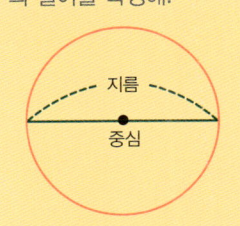

용선생의 과학 현미경

남반구에서는 공기가 저기압 중심으로 몰려들 때 시계 방향으로 회전해. 공기가 회전하며 몰려드는 까닭은 지구가 자전하기 때문이야.

나선애의 과학 사전

풍속 바람 풍(風) 빠를 속(速). 바람의 빠르기라는 뜻이야.

용선생의 과학 현미경

태풍이라는 말 대신에 미국에서는 허리케인이라고 하고 인도양과 남아메리카, 오스트레일리아에서는 사이클론이라고 불러. 이름만 다를 뿐 모두 같은 현상이야.

다고 모두 태풍이라 부르는 건 아니거든."

"그러면요? 따로 기준이 있어요?"

"응. 북반구에서는 공기가 저기압 중심으로 몰려들 때 시계 반대 방향으로 회전해. 이 회전 때문에 강한 바람이 불지. 이때 저기압 중심 부근의 최대 풍속이 17m/s(미터 퍼 세컨드) 이상인 것만 태풍이라고 한단다. 정리하자면 태풍은 적도 부근 바다에서 생겨난 저기압 중에서 중심 부근의 최대 풍속이 17m/s 이상인 커

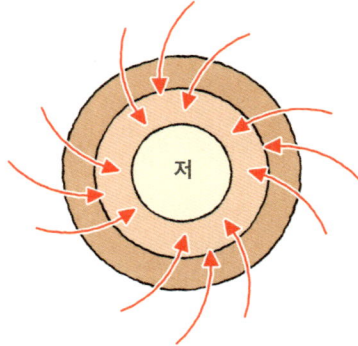
▲ **북반구 저기압** 바람이 시계 반대 방향으로 회전해 들어와.

다란 비구름 덩어리를 말하는 거야."

"17m/s? 그게 어느 정도 빠른 거예요?"

"17m/s는 1초에 17m를 가는 빠르기야. 이 빠르기로 100m 달리기를 한다면 6초도 걸리지 않지."

"엄청 빠르네요."

"그렇지? 태풍은 거대한 비구름으로 이루어져 있고, 회전 때문에 바람도 강해. 따라서 태풍이 오면 비도 많이 내릴 뿐만 아니라 바람도 강하게 부는 거야."

"아하, 이제 궁금했던 게 해결되었어요."

아이들이 고개를 끄덕이자 용선생이 새로운 사진을 띄우며 말했다.

▲ 태풍 위성사진

"이건 인공위성에서 찍은 태풍 사진이야. 태풍이 아주 빠르게 회전하다 보니 신기한 현상이 나타나. 사진을 자세히 보면서 직접 찾아볼래?"

위성사진을 가만히 관찰하던 허영심이 고개를 갸웃하면서 말했다.

"혹시 태풍 중간에 까만 부분 말씀이세요?"

"잘 찾았어. 태풍에서 빠르게 회전하는 비구름들은 중심에서 바깥쪽으로 밀려나. 마치 세탁기에서 탈수를 할 때 빨래들이 세탁기 통 바깥쪽으로 밀려나는 것처럼 말이야. 그래서 가운데가 비어 있는 거란다. 이 빈 곳을 메우려고 위에서 공기가 들어와."

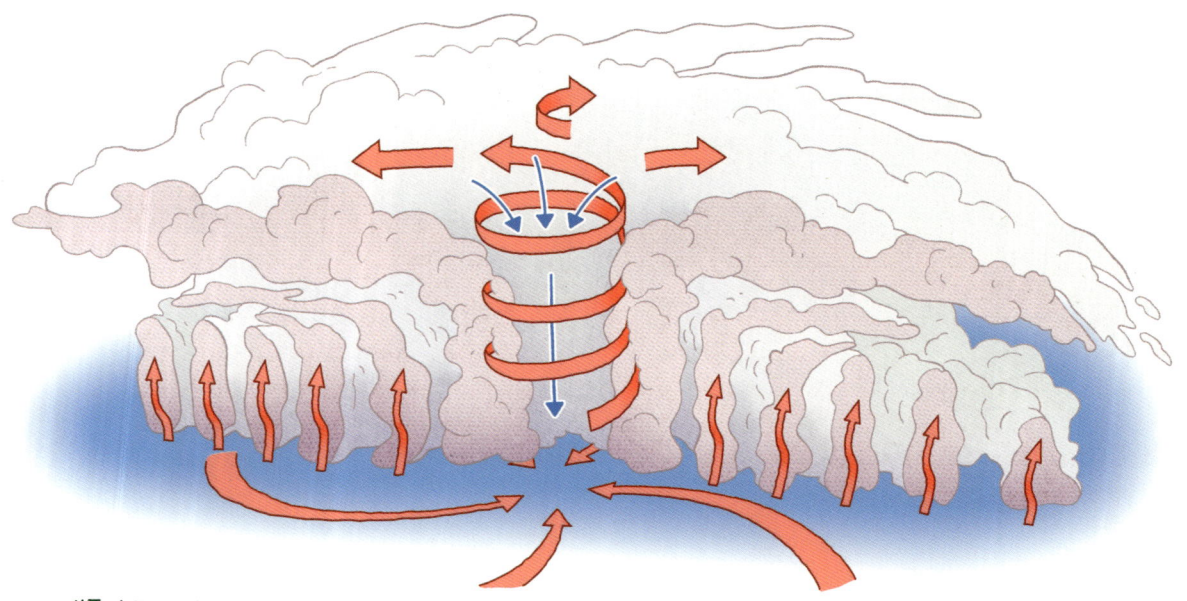

▲ **태풍의 구조** 태풍을 옆에서 반으로 잘라 보면 이런 모양이야. 아래쪽에는 공기가 시계 반대 방향으로 회전하면서 몰려들고 전체적으로 공기가 상승해. 한편 가운데 부분에는 공기가 하강하지.

"그러면 태풍 중앙 부분은 구름이 없어요?"

"응, 구름이 없는 맑은 날씨가 나타나. 게다가 바람도 잔잔하지. 이 부분을 '태풍의 눈'이라고 불러."

"한가운데 동그랗게 있는 게 정말 눈처럼 보여요."

"와, 태풍 중앙 부분에 맑은 날씨가 나타난다니 정말 신기하다!"

핵심정리

태풍은 적도 부근 바다에서 생겨난 저기압 중에서 중심 부근의 최대 풍속이 17m/s 이상인 커다란 비구름 덩어리야. 태풍 중앙에는 맑은 날씨가 나타나는 태풍의 눈이 있어.

태풍은 어떻게 움직일까?

"근데 우리나라는 1년에 태풍이 몇 개쯤 찾아와요?"

"보통 3개 정도야. 그건 왜?"

"태풍이 얼마나 자주 생기나 궁금해서요. 1년에 3개라면 태풍이 그리 자주 생기지 않나 봐요."

"그렇지 않아. 적도 부근 바다에서는 해마다 태풍이 28개 정도 생겨. 그중 우리나라 쪽으로 오는 것이 3개 정도인 거지."

"왜요? 왜 우리나라로 그것밖에 오지 않아요?"

"그건 태풍의 경로와 관련 있어. 태풍의 경로가 어떤 모양

곽두기의 낱말 사전

경로 지날 경(經) 길 로(路). 지나는 길이라는 뜻이야.

인지 알아보자."

"네!"

"우리나라로 찾아오는 태풍은 북태평양에 있는 괌 부근 바다에서 주로 생겨. 이곳에서 생겨난 태풍은 커다란 곡선을 그리면서 이동하지. 이 그림을 볼래?"

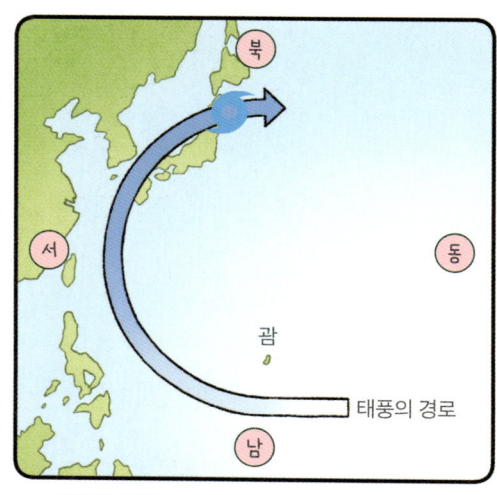

▲ 태풍의 경로

"정말 곡선 모양이네요."

아이들이 고개를 끄덕였다.

"그렇지? 적도와 북위 30° 사이에서는 북서쪽으로 움직이다가, 북위 30° 부근에서 북동쪽으로 방향을 틀지."

"왜 방향이 그렇게 바뀌어요?"

"적도와 북위 30° 사이에는 무역풍이라는 동풍이 늘 동쪽

용선생의 과학 현미경

무역풍이라는 이름은 1600년대 이후 유럽에서 아메리카로 무역을 하던 배들이 주로 이용한 바람이라는 뜻에서 유래했어.

에서 서쪽으로 불고 있단다. 그래서 태풍도 서쪽으로 움직이지."

"그럼 북위 30°보다 북쪽에서는요?"

"위도 30°와 60° 사이에 늘 불고 있는 편서풍을 만나. 편서풍은 서쪽에서 동쪽으로 부는 서풍이란다."

"서쪽에서 불어오는 바람이라 편서풍이군요."

"응. 태풍은 편서풍에 밀려 동쪽으로 이동해. 그래서 전체적으로 오른쪽 그림과 같은 곡선을 그리며 이동하지. 그런데 말이야, 태풍의 경로에 영향을 주는 게 하나 더 있어."

"뭔데요?"

"북태평양에 기단이 하나 있었지?"

장하다가 손가락을 탁 튕기며 대답했다.

"북태평양 기단이요."

"맞았어. 이 북태평양 기단도 태풍의 경로에 영향을 준단다. 태풍이 이동할 때 북태평양 기단의 가운데를 뚫고 지나갈 수는 없어. 북태평양 기단에서 바람이 시계 방향으로 회전하면서 불어 나오거든."

"그래서요?"

왕수재가 몸을 앞으로 내밀며 물었다.

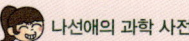

나선애의 과학 사전

편서풍 치우칠 편(偏) 서쪽 서(西) 바람 풍(風). 서쪽에서 동쪽으로 1년 내내 부는 바람이야.

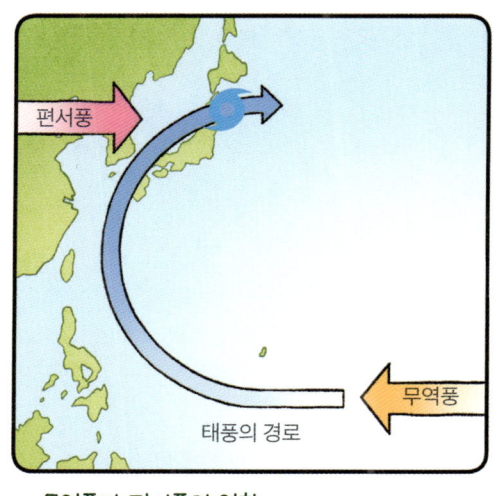

▲ 무역풍과 편서풍의 영향

"태풍은 북태평양 기단의 가장자리를 따라서 이동해. 그래서 북태평양 기단이 어느 정도 크기가 되어야 그 가장자리를 따라 움직이는 태풍이 우리나라 부근까지 올라올 수 있어."

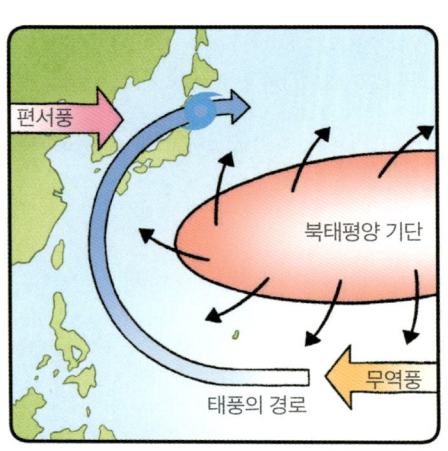

▲ 북태평양 기단의 영향

"북태평양 기단이 그 정도로 커지는 때가 언제인데요?"
허영심이 고개를 갸우뚱하며 물었다.
"바로 우리나라가 여름일 때야. 주로 7월에서 9월 사이이지. 나머지 기간에는 태풍이 우리나라 쪽으로 오기 힘들어."
"아하, 그래서 우리나라에 오는 태풍이 1년에 3개 정도인 거군요. 나머지는 우리나라가 아니라 다른 곳으로 가고요. 이제 알겠어요."

왕수재가 의문이 풀렸다는 듯 밝은 표정으로 말했다.

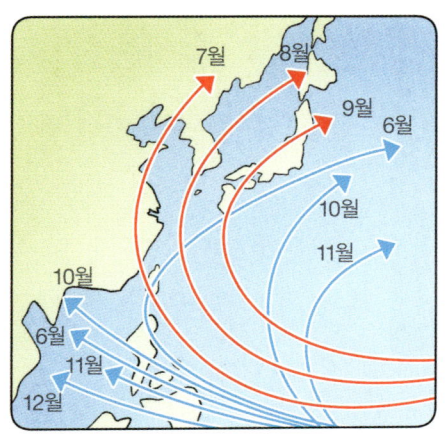

◀ **태풍의 월별 경로** 북태평양 기단이 작을 때 태풍은 우리나라 부근으로 오지 못해. 이 시기에 태풍은 무역풍에 밀려 서쪽에 있는 동남아시아를 지나거나, 북쪽으로 충분히 올라오지 못한 채로 편서풍에 밀려 일본 남쪽을 지나가.

핵심정리

태풍은 무역풍과 편서풍, 북태평양 기단의 영향을 받아 곡선을 그리며 우리나라로 이동해 와.

 ## 태풍의 두 얼굴

나선애가 수업 전에 보던 동영상을 다시 내밀었다.

"태풍은 정말 알면 알수록 무서운 것 같아요. 비도 많이

▲ 2013년 태풍 하이옌에 피해를 본 필리핀 타클로반 지역

내리고 바람도 강해서 피해가 많이 생기잖아요."

"맞아. 그래서 태풍이 온다는 일기 예보가 나오면 미리미리 대비해야 한단다."

용선생은 아이들을 쓱 훑어보고는 말했다.

"얘들아, 태풍은 거대한 비구름으로 이루어져 있다고 했지? 그래서 태풍은 바다에서 수증기를 공급받지 못하면 구름이 더 생기지 못해 점점 작아져. 이 말은, 태풍이 육지를 만나면 약해진다는 뜻이지."

"천하의 태풍도 육지 앞에서는 꼼짝 못하는군요?"

"하하, 하지만 태풍이 육지를 만나도 금방 사그라지는 건 아니니 조심해야 해."

그러자 허영심이 한숨을 쉬며 말했다.

"어휴, 태풍은 피해만 주네요. 태풍 같은 건 없어졌으면 좋겠어요."

"그런데 태풍이 우리에게 도움이 될 때도 있어."

"네? 태풍이 도움이 된다고요?"

"태풍이 회전하면서 바닷물을 휘저어서 바닷물 표면의 오염을 없애고, 바다 바닥에 가라앉아 있던 물고기들의 먹이를 떠오르게 해. 이 때문에 바닷속 생물들이 살기 좋은 환경이 되고, 결국 우리에게도 도움이 된단다."

"그건 도움이 되겠네요."

"또 약한 태풍은 우리에게 그다지 피해를 주지 않으면서 충분한 비를 내려 여름 가뭄과 무더위를 해소하는 데에 도움을 줘. 이만하면 태풍이 우리에게 피해만 준다고는 할 수 없겠지?"

그러자 장하다가 장난스런 표정을 지으며 말했다.

"그렇군요! 그럼 사나운 태풍은 오지 말고, 착한 태풍만 오는 걸로 해요!"

"하하, 녀석도 참!"

 **핵심정리**

태풍은 육지를 만나면 약해져. 태풍은 여름 가뭄과 무더위 해소 등에 도움을 주기도 해.

 나선애의 정리노트

1. 태풍
① 적도 부근 바다에서 생겨난 ⓐ [_____] 중에서 중심 부근의 최대 풍속이 17 m/s 이상인 커다란 비구름 덩어리
② 태풍의 ⓑ [__] : 태풍 중앙에 맑은 날씨가 나타나는 곳
  · 태풍이 회전하기 때문에 나타남.

2. 태풍의 경로
① 무역풍과 ⓒ [_____] 의 영향을 받아 곡선 경로임.
  · 북태평양 기단의 가장자리를 따라서 이동함.
② 태풍은 육지를 만나면 약해짐.

3. 태풍의 이로운 점
① 바닷물 표면의 오염을 없앰.
② 물고기들의 ⓓ [_____] 를 떠오르게 함.
③ 여름 가뭄과 ⓔ [_____] 를 해소해 줌.

ⓐ 저기압 ⓑ 눈 ⓒ 편서풍 ⓓ 먹이 ⓔ 물부족

 # 과학퀴즈 달인을 찾아라!

●정답은 119쪽에

01

친구들이 이번 시간에 배운 내용에 대해 이야기하고 있어. 옳으면 O, 옳지 않으면 X를 표시해 줘.

① 태풍은 북반구에서 시계 반대 방향으로 회전해. (   )

② 적도 부근에서 생겨난 태풍은 무역풍의 영향을 받아 서쪽에서 동쪽으로 움직여. (   )

③ 태풍은 겨울철에도 우리나라까지 올라오는 경우가 많아. (   )

02

장하다가 허영심을 생일 파티에 초대했어. 그런데 장난꾸러기 장하다가 암호로 생일 파티 시각을 알려 줬지 뭐야. 허영심을 도와 암호를 풀어 줘.

영심아. 내 생일 파티가 열리는 시각은 암호를 풀면 알 수 있어. ☐에 들어가는 숫자를 순서대로 연결해 봐.

힌트1 태풍은 중심 부근의 최대 풍속이 ☐☐ m/s 이상이야.
힌트2 태풍을 이루는 비구름은 지름이 ☐00km를 넘어.
힌트3 태풍이 우리나라를 방문하는 시기는 주로 7월에서 ☐월 사이야.

알았다! 생일 파티 시각은 ☐☐시 ☐☐분이야.

 용선생의 과학 카페 | 용선생의 한국사 카페 | 용선생의 세계사 카페

https://cafe.naver.com/yongyong

용선생의 과학 카페

과학계의 핵인싸,
용선생의 과학 카페에
오신 걸 환영합니다.

Log in

MENU

물리면 아프다
화학이 화하하
생물 오징어
지구는 둥글다

태풍에 이름이 붙은 사연은?

개미, 나리, 장미, 미리내, 노루, 제비, 너구리, 고니, 메기, 독수리. 이 낱말들의 공통점은 뭘까? 바로 태풍의 이름이라는 거야. 지금부터 태풍에 이름이 붙은 사연을 알려 줄게.

태풍은 한 번 생기면 일주일 이상 계속되기도 하고, 한 지역에서 비슷한 시기에 2개 이상 생길 때도 있어. 그래서 태풍을 구분하기 위해 이름을 붙이기 시작했지. 처음에는 오스트레일리아 예보관들이 태풍에 자기가 싫어하는 사람의 이름을 붙였대.

태풍이 공식 이름을 갖게 된 건 제2차 세계 대전(1939년~1945년) 이후야. 미국 '태풍 합동 경보 센터'에서 남자와 여자 이름을 번갈아 사용하는 방식으로 태풍 이름을 정했지. 그러다가 2000년에 태풍의 영향을 직접 받는 아시아-태평양 지역 국가에서 제출한 이름을 번갈아 사용하기로 했어. 여기에는 우리나라를 비롯해 북한, 미국, 중국, 일본, 태국 등 14개 국가가 참여하고 있지.

각 나라는 태풍의 이름을 10개씩 제출했어. 우리나라는 인터넷으

▲ 우주에서 바라본 태풍

로 이름을 모집한 뒤, 그중 10개를 골랐지. 지금은 14개 국가가 제출한 총 140개의 이름을 순서대로 사용하고, 가끔 큰 피해를 준 태풍의 이름은 다른 이름으로 바꾸기도 해.
북한에서도 태풍 이름을 제출했기 때문에 한글로 된 태풍 이름은 총 20개야. 북한에서 제출한 이름은 기러기, 도라지, 갈매기, 무지개, 메아리 등이야.

COMMENTS

- 다음에 또 태풍 이름을 모집하면 꼭 보내야지.
  - 나 곽두기는 깍두기라고 보낼래.
  - 나 장하다는 장조림으로!
  - 나 왕수재는 왕만두!
  - 나 참…….

- 장하다의 오답을 피하는 방법
- 나선애의 야무진 실험실
- 왕수재의 아는 척 과학교실
- 허영심의 별 헤는 밤
- 곽두기의 빅뱅 따라잡기

가로세로 퀴즈

계절과 날씨에 관한 가로세로 퀴즈야. 빈칸을 채워 봐.
띄어쓰기는 무시해도 돼.

가로 열쇠	① 우리나라 여름 날씨에 영향을 주는 기단 ② 지구의 북극과 남극을 연결한 상상의 선 ③ 날씨의 변화를 예측하여 알리는 일 ④ 공기의 온도 ⑤ 태양이 정확히 남쪽에 위치할 때의 고도. 태양의 ○○ ○○ ⑥ 따뜻한 기단과 차가운 기단이 만나서 이루는 경계면 ⑦ 기압이 같은 곳을 이어놓은 선
세로 열쇠	① 주위보다 높은 기압 ② 따뜻한 기단이 있는 지역에 차가운 기단이 다가와 생기는 전선 ③ 적도 부근 바다에서 생겨난 저기압 중에서 중심 부근의 최대 풍속이 17 m/s 이상인 커다란 비구름 덩어리 ④ 주위보다 낮은 기압 ⑤ 공기 중에 수증기가 포함된 정도 ⑥ 차가운 기단이 있는 지역에 따뜻한 기단이 다가와 생기는 전선 ⑦ 지구에서 적도의 남쪽 지역 ⑧ 위도 60°~90°인 지역

●정답은 119쪽에

교과서 속으로

초등 5학년 2학기 과학 | **날씨와 우리 생활**

우리나라의 계절별 날씨는 어떠할까?

- **우리나라 계절별 날씨의 특징**
    - 봄과 가을: 따뜻하고 건조하다.
    - 여름: 덥고 습하다.
    - 겨울: 춥고 건조하다.

- **계절별 날씨가 다른 까닭**
    - 주변 지역에서 이동해 오는 공기 덩어리의 영향을 받기 때문이다.

 봄과 가을에 우리나라로 이동해 오는 공기 덩어리는 양쯔강 기단으로 같아.

초등 6학년 2학기 과학 | **계절의 변화**

계절에 따라 기온이 달라지는 까닭은 무엇일까?

- **계절에 따른 태양의 남중 고도 변화**
    - 여름에 가장 높고, 겨울에 가장 낮다.

- **계절에 따른 낮의 길이 변화**
    - 여름에 가장 길고, 겨울에 가장 짧다.
    - 봄과 가을에는 낮과 밤의 길이가 비슷하다.

- **태양의 남중 고도, 낮의 길이, 기온의 관계**
    - 태양의 남중 고도가 높아지면 낮의 길이가 길어지고, 기온이 높아진다.

 우리나라는 낮 12시 30분 무렵에 태양이 남중해.

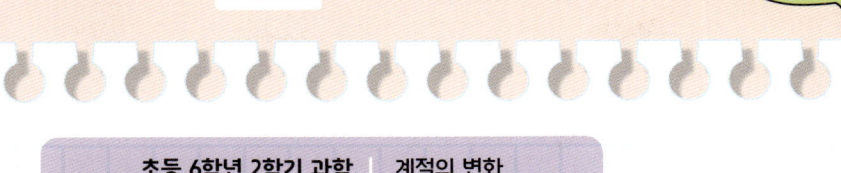

| 초등 6학년 2학기 과학 | 계절의 변화 |

계절의 변화가 생기는 까닭은 무엇일까?

- **지구의 움직임**
  - 하루에 한 번 자전축을 중심으로 자전한다.
  - 1년에 한 번 태양 주위를 공전한다.

- **계절이 달라지는 까닭**
  - 지구의 자전축이 지구의 공전 궤도면에 대해 기울어진 채 태양 주위를 공전하기 때문이다.

 지구의 자전축이 기울지 않거나, 지구가 공전하지 않으면 계절은 변하지 않을 거야!

| 중 3학년 과학 | 기권과 날씨 |

전선

- **전선면과 전선**
  - 전선면: 두 기단이 만나 생기는 경계면
  - 전선: 전선면과 지표면이 만나는 경계선

- **한랭 전선과 온난 전선**
  - 한랭 전선: 차가운 기단이 따뜻한 기단 쪽으로 이동하여 따뜻한 기단 아래로 파고들 때 형성되는 전선
  - 온난 전선: 따뜻한 기단이 차가운 기단 쪽으로 이동하여 차가운 기단 위로 올라갈 때 형성되는 전선

 이미 배운 내용이잖아! 중학교 과학도 문제없겠어.

찾아보기

가을 12-15, 20, 22-23, 34, 36-37, 56-59, 69
강수 73, 75, 82
겨울 13-16, 20, 22-23, 31, 36, 41, 45, 48-49, 56, 59
경로 103-107
고기압 84-88, 90-91
고위도 38-39, 53-55
공전 31-34, 37, 40-41, 44
공전 궤도면 32-33
구름 27, 58, 71-74, 82, 85-86, 95, 99-100, 102-103, 108
기단 50-59, 67-73, 105-107
기압 82-85, 88-91, 94-95
기온 14-16, 19-23, 26-27, 35-36, 39, 45, 49-52, 55-56, 58, 68, 73-75, 82, 94-95
남반구 35, 38, 40-41, 100
남위 38
남중 18
남중 고도 18-23, 26-27, 34-41
대륙 53-55
등압선 82-84, 88-89, 91
무역풍 104-107
바람 51-52, 82, 86-89, 91, 94-95, 98, 100, 102, 105, 107
봄 12-15, 20, 22-23, 34, 36-37, 56-59
북극 31-32, 35-36, 38-41, 44-45, 51
북반구 35-36, 38, 40-41, 100

북위 38, 104-105
북태평양 기단 54-56, 58-59, 68-69, 105-107
빙하 58
상승 84-87, 99, 102
습도 49-52, 54, 56, 82, 94-95
시베리아 기단 50, 52, 54-56, 58-59
양쯔강 기단 54-56, 58-59
여름 12-16, 20, 22-23, 27, 31, 34-37, 41, 44, 56, 59, 75, 106, 109
오호츠크해 기단 54-55, 57-59, 68-69
온난 전선 70-72, 74-75
위도 38, 53, 105
이슬비 71-72, 74
일기 예보 64, 81, 89, 91, 94-95, 107
일기도 73, 81-86, 88-91
자전 31-33, 44, 100
자전축 31-37, 39-40, 44
장마 58, 64-65, 68-71, 75
장마 전선 65, 68-71
저기압 84-88, 90-91, 99-100, 103
저위도 38-39, 52-55
적도 31, 35, 38-41, 44, 53, 99-100, 103-104
전선 65, 67-75, 90-91
전선면 67, 69-71
중위도 38-40, 52-53
증발 99

지표면 16-19, 21-23, 26, 35, 39, 67, 69, 73, 84, 87
측정 82-83, 95, 99
태양 고도 16-19, 26
태양 에너지 21-23, 26, 35, 39, 95, 99
태풍 98-109, 112-113
편서풍 105-107
풍속 100-101, 103
하강 84-87, 102
한랭 전선 70-75
해양 53-55

퀴즈 정답

1교시

01   ① ○   ② ✗   ③ ○

02
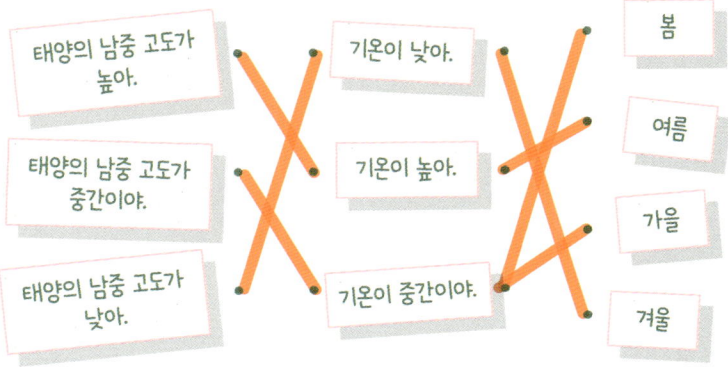

2교시

01   ① ○   ② ✗   ③ ✗

02

3교시

01 ① X ② X ③ O

02

시	소	나	양	오	열	두	시
라	오	호	츠	크	해	알	베
솔	파	수	곽	관	유	로	리
라	미	양	주	광	로	에	아
동	북	태	쯔	한	파	주	시
남	태	평	가	강	러	시	아
해	평	용	수	북	태	평	메
병	양	감	사	태	양	쯔	리

4교시

01 ① O ② X ③ O

02

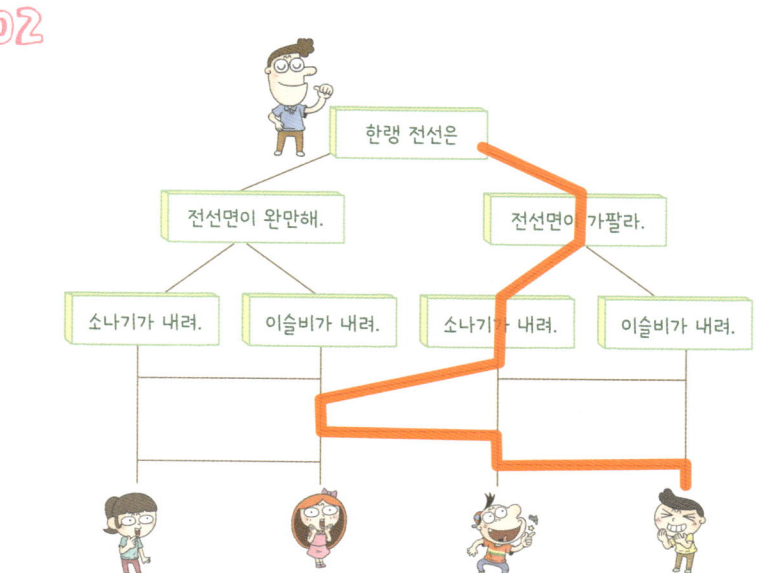

5교시

01 ① X ② O ③ X

02

6교시

01 ① O ② X ③ X

02

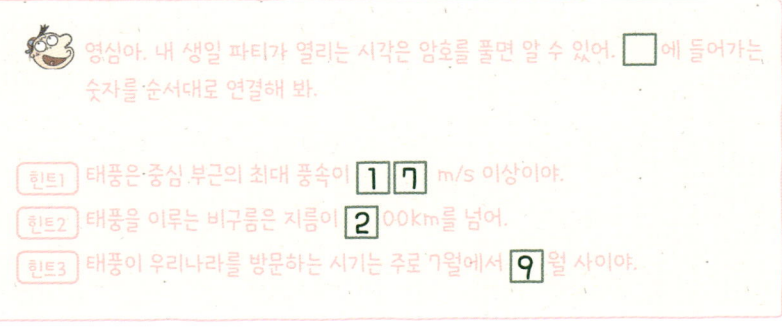

가로세로 퀴즈

			❶고			❷한	
①북	❸태	평	양	기	단		랭	
	풍		압		②자	전	축
		❹저				선	
	③일	기	예	보			
		압					
		❺습		④기	❻온		
⑤⑦남	중	❽고	도			난	
반		위			⑥전	선	면
구		도		⑦등	압	선	

일러두기

- 맞춤법과 띄어쓰기는 국립국어원에서 펴낸 《표준국어대사전》을 따랐습니다.
- 과학 용어 표기는 《2015 개정 교육과정에 따른 교과용도서 개발을 위한 편수자료Ⅲ 기초과학, 정보 편》을 따랐습니다.
- 이 책에 실린 사진은 저작권자로부터 사용 허가를 받았습니다. 저작권자와 접촉하기 위해 최선을 다했으나 불가피한 사정으로 사용 허가를 받지 못한 일부 사진에 대해서는 저작권자와 연락이 닿는 대로 게재 허락을 받고 사용료를 지불하겠습니다.
- 이 책에 실린 그림의 저작권은 별도의 표기가 없는 한 사회평론에 있습니다.

사진 제공

57쪽: JukoFF(wikimedia commons_CC4.0) | 65~66쪽: 북앤포토 | 78쪽: 북앤포토 | 81~82쪽: 기상청 | 83쪽: 북앤포토 | 86쪽: 퍼블릭 도메인(NASA) | 94쪽: 북앤포토 | 95쪽: Delince(wikimedia commons_CC3.0) | 101쪽: 국가기상위성센터 | 108쪽: Trocaire(wikimedia commons_CC2.0) | 그 외: 셔터스톡

용선생의 시끌벅적 과학교실 | 계절과 날씨

1판 1쇄 발행	2021년 10월 27일
1판 5쇄 발행	2025년 4월 14일
글	김형진, 이명화, 설정민
그림	조현상(매드푸딩스튜디오), 뭉선생, 윤효식
감수	맹승호
캐릭터	이우일
어린이사업본부	이승필
책임편집	이건혁
편집	정세민, 이명화, 홍지예, 김미화, 최예리, 윤성진, 김예린
마케팅	윤영채, 정하연, 안은지, 박찬수, 강수림
경영지원본부	나연희, 주광근, 오민정, 정민희, 김수아, 김승현
아트디렉터	강찬규
디자인	디자인서가
사진	북앤포토
펴낸이	윤철호
펴낸곳	(주)사회평론
전화	02-326-1182
팩스	02-326-1626
주소	03993 서울시 마포구 월드컵북로6길 56 사평빌딩
출판등록	1993년 10월 6일 제 10-876호

ⓒ 사회평론, 2021

ISBN 979-11-6273-198-7 73400

- 이 책 내용의 일부나 전부를 다시 사용하려면 저작권자와 사회평론의 동의를 받아야 합니다.
- 잘못 만들어진 책은 바꾸어 드립니다.

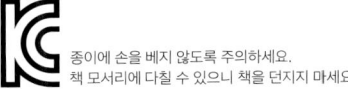
종이에 손을 베지 않도록 주의하세요.
책 모서리에 다칠 수 있으니 책을 던지지 마세요.